わたしの台南

「ほんとうの台湾」に出会う旅

一青妙
Hitoto Tae

撮影　仙波理

新潮社

プロローグ　東京から台南へ

東京から台南に向かうには、いくつか方法がある。

いちばんスタンダードなのは、羽田から台北の松山空港に飛び、そこから台北駅に移動して台湾新幹線に1時間半ほど乗って台南まで行く。

南部の高雄空港まで飛び、そこから高雄駅に移動して在来線で約30分という手もある。

そして三つ目は、いまは羽田にいささか遅れをとった感じがある成田から、桃園国際空港へ向かい、そこからタクシーかシャトルバスで台湾新幹線の桃園駅まで移動し、台湾新幹線を使って1時間あまりで台南に着くことができる。

どれも試してみたが、いちばん多く使っているのは、三つ目の成田→桃園ルートだ。なぜかというと、いちばん費用が安く済むからである。

といってもせいぜい2~3万円の差しかないのだが、10回以上も行くとさすがに馬鹿にできない金額になるではないか。それぐらい、私はこの数年、なにかにつけて、自宅のある東京から、小ぶりの黒いBREEのスーツケースをがらがら引きながら、家もなければ、親友がいるわけでもなく、もちろん故郷でもない台南という土地に通いつめた。

台南に行く理由?

それは、これからじっくりとご説明したい。というのも、一言二言で言い切れるものではないぐらい複雑なようでもあり、特に理由がないといえばないかもしれないし、自分でも書いてみないと分からないところがある。それでも、台南を文章にすることについて、私自身には何の迷いもない。とにかく台南は私の心をつかんで離さないのだから。

２０１３年６月末、暑くもなく寒くもなく、梅雨なのに晴れ間の広がった日、私は例のお気に入りのルートで成田から桃園に飛んだ。飛行機のシートから立ち上がり、人波にのりながら出口へと歩みを進めて行く。やや冷房の利き過ぎている機内を後にしながら、機体と地上の連結部にさしかかると、「ぶわっ」という感じで、圧力釜から吹きこぼれる熱風のような台湾の熱気が、容赦なく流れこんできた。

暑さに強い方ではない。ほんのわずかな隙間からなだれ込んできた熱気だけで早速ノックアウト寸前になったが、目的地は台北よりもっと暑い台南。ここでひるんではいけないと自分に言い聞かせる。

今回はシャトルバスで空港から桃園駅まで向かうことにした。渋滞なしなら、繁華街や住宅街をすり抜け約15分で到着する。桃園駅には中華航空とエバー航空のチェックインカウンターがあり、駅全体になんだか活気がある。桃園から台南までの新幹線は1時間に2本しかない。ちょっと時間が余ったので、小腹をすかした私は駅構内を物色した。

構内には、台湾で日本以上に大人気のモスバーガーや、小さなお土産ショップ、セブン‐イレブンやローカルチェーンのIkariコーヒーなどがある。ハンバーガーやコーヒーではさすがに台湾に来た気がしないので、セブン‐イレブンでおでんを食べることにした。

コンビニのおでんは日本にもあるが、台湾では具材が台湾らしいものも多く、マコモダケや肉だんご、豚の血を固めた「豬血」などを選び、ベンチに座って食べた。ふと周りを見回すと、ほかに何人も同じようにおでんをほおばっていた。

日本では寒い時期でないとなかなか食べようとは思わないおでんだが、台湾のコンビニでは季節を問わず店の中心に置かれる人気者だ。日本統治時代から、おでんは「黒輪」と呼ばれて台湾で定着してきたことも関係しているのだろう。黒輪は台湾語で読むと「おおるん」みたいな発音で、「おでん」と聞こえないこともない。

おでんの味は普通味と辛い麻辣味の2種類。辛いものが好きな私は麻辣味にしたが、かなり辛い。むせそうになりながら食べていると、いつの間にか乗車時間が迫っていた。

桃園は台北から二つ目の駅。すでに7割方埋まっていた車内に入り、席に着く。台湾人から「高鉄」と呼ばれているこの乗り物の正式名称は「台湾高速鉄路」。日本の新幹線の車両技術が用いられているため、車内などは日本の新幹線に酷似していて、乗車しても残念ながら異国情緒を感じることができない。

唯一台湾を感じるところと言えば、そこかしこで携帯電話の着信音が大音量で鳴り響き、遠慮なく大声で話している人がいることだろう。テレビ放送をイヤホンなしで聞いている人もいる。

眠りたいときは大迷惑だが、スーツで決めたサラリーマンが浜崎あゆみだったり、強面のおじさんがドラえもんだったりと、台湾人の着信音が実にバラエティに富んでいるので、楽しみにしている自分もいたりする。日本人はどうも格好つけてばかりいて、人間味に欠ける。この猥雑さこそ人間らしさではないか。

台北への通勤圏である桃園駅の周辺は開発が進み、一帯は高層マンションや建築途中の建物が多い。新幹線が南下し、台湾の真ん中にある台中駅を過ぎたあたりから、トンネルの数と比例して緑が一段と濃くなっていく。一面の山林に水田の繰り返し。嘉義駅に近づく頃には緑の面積がさらに大きくなり、車窓の風景のほとんどを占めるようになっていた。このあたりで北回帰線を越えたことになる。つまり、亜熱帯気候から熱帯気候へと移ったのだ。

目にすごく良さそう。台湾の豊かな緑を見るたびにそう感じ、深緑を一生懸命目に焼き付けようと、窓の外を凝視し続ける。ただ、私は視力が両目とも1・5あり、目がこれ以上良くなってしまうと困ったことになるのだが。

少し長めのトンネルをくぐった後、緑色の草原にモヤがたちこめ始めた。突如視界が暗くなる。桃園を出た頃は雲一つない青い空だったのがいきなり真っ黒になり、強い雨が車窓を打ち始めた。スコールのようだ。北から南へ移動していることを実感する。

目的地の台南に到着したのは桃園駅を出発してから1時間15分後。バケツをひっくりかえしたような雨が降っていた。

少し嬉しくなった。これこれ。これが南国台南だ。

東京でこんな豪雨にあったのならもう勘弁してほしい、と落ちこむところだが、雨が少ない台南では恵みの雨。初日から雨の洗礼に出会えたことは、おみくじで大吉を引いたようなものだと心の中で快哉を叫んだ。これでスチームサウナのような蒸し暑さがかなり緩和されるはずだ。スコールのような雨はたいてい2時間もすれば止む。特に急ぐ旅でもない。駅まで迎えに来てくれる友人との約束までまだしばらく時間がある。ベンチに座り、ぼんやりと外の風景に視線を向けた。

強すぎる雨粒はアスファルトに吸い込まれる間もなく跳ね上がり、フライパンの上で熱された油滴のように踊る。周囲には駐車場以外の建物がほとんどない。蜃気楼のように果てしなく続く緑地は将来の開発に備えた土地だろうか。

雨音がさらに強くなっていく。

手にしていた台南のグルメ本『移民台南《イーミンタイナン》』を開いた。『移民台南』の著者・魚夫《ユイフー》は漫画家であり、評論家、大学教授。テレビ番組の司会者も台北で長年務めてきた。そんな彼が突如引退宣言し、台南に移り住み、台南で出会った美味しいものを紹介したのが本書だ。２０１３年5月に発売された後、たちまち話題となった本でもある。どのページをめくっても美味しそうなイラストが目に飛び込んでくる。どんなに満腹でもちょっと食べてみたくなる。

台南に行くときは、この本の気になるお店のページにドッグイヤーをつけ、台南市の地図で場所を確認することが習慣となっている。本に出ているお店を全部回りたいと本気で思っている。

台湾にいるときは、必ず書店に行く。私は旅が大好きだ。各地のガイドブックを読みながら、バーチャル旅行気分に浸るため、台湾国内旅行のガイドブックコーナーは欠かさず訪れてきた。

これまで台湾では、台南についての情報量が圧倒的に不足していた。

ガイドブックには、「担仔麵《タンズーミー》（小ぶりの汁入り麵料理）」「米糕《ビーコー》（もち米料理）」「蝦捲《シアチュアン》（台湾風エビ揚げ）」「棺材板《コワンツァイバン》（シチュー詰め厚切りトースト）」など台南発祥で後に台湾全土に広がった名店といくつかの古蹟が紹介されているだけで、台中や高雄に行く途中に食事のために立ち寄れば十分と思われる内容に留まっていた。

日本についても同じことが言える。台湾についてのガイドブックは山のようにあり、毎年のように新しい版が発売されているが、台南を紹介するコーナーは台北の10分の1もない数ページぐらいだ。「きっとあなたは行くことはないでしょうけど、台湾のガイドブックってタイトルなわけだし、念のために編集部の厚意で載せておきましたよ」と言いたいような、やっつけのおまけ感がありありと漂っている。

きっとつい最近まで「台南は別にいいか」と誰もが思っていたに違いない。

ところが、2010年あたりから、台湾で台南に関する本が徐々に出始め、2012年以降は爆発的に増え始めた。

雑誌の『臺南好時光《タイナンハオシーコワン》』『台南《タイナン》Walker』や『臺南重逢《タイナンチョンフォン》』が発行され、情報誌では次々と台南の特集が組まれた。書籍では『漫遊府城《マンユーフーチョン》』『府城老字號《フーチョンラオツーハオ》』『散歩阮台南《サンプーグンタイナン》』『台南的様子《タイナントーヤンツー》』『台南過《タイナンクオ》生活《ションフォ》』など、観光本から台南での生活を描いたエッセイ本まで書店にずらっと並ぶ。いままで本棚の片隅に他の地方都市といっしょくたにされていた台南が独立し、一つのコーナーになるほど人気が出ている。

台南は観光ブームに沸いている。

地元の人々は、

「人潮来了《レンチャオライロー》，銭潮也来了《チエンチャオイエライロー》！（人がきたら、お金もきた！）」

と興奮気味だ。

観光だけではなく、台南出身者だが最近まで台南を離れ、台北などの大都市で生活していた人々が、「セカンドライフは台南で」とロハスな生活を求めて戻ってきている。ちなみに、中国語でロハスは「楽活《ローフォ》」と書き、文字を見ただけでハッピーな感じがする。台南出身ではない若い世代には、自分の店を持とうと台南で起業する人も多い。

台湾人だけではなく、海を隔てた香港からも観光客が押し寄せ、「移民台南」現象まで起きている。古き良き時代の香港の面影を台南の地に認め、台南に定住するのである。

突如、脚光を浴び始めた台南。そして、私もそのブームに乗った。もとから気になっていたが声をかけられなかった人と、ふとしたきっかけで親しくなり、急接近するように、台南にぐんぐん引きつけられていった。

台南に通い始めると、人々が台南をこう語っていることを知った。

「台北討生活《タイペイタオションフォ》，台南過生活《タイナンクオションフォ》（台北はお金を稼ぐところ、台南は生活するところ）」

この言葉こそ、台南のすべてを表現していると思った。

私は、両足で台南の土を踏んだだけで、なぜかゆったりとした気持ちになれる。

台南は日本の京都とよく比較される。ただ、私はちょっと違うとも感じている。歴史や文化がいっぱいあるのは同じだが、京都のようには洗練されておらず、京都よりももっと人懐っこく、泥くさい。

台南は別名で「府城《フーチョン》」と呼ばれる。台湾で初めて清朝の行政機関である「府」が置かれた場所であり、かつて政治、経済、文化が最初に栄えた古都だからだ。しかし、日本統治時代に総督府が台北に置かれたことや、戦後の台湾の経済発展の中で、台北や高雄などほかの都市の開発が先行したことがあり、台南はいつの間にか取り残されてしまった。

交通網が発達し、高層ビルが林立する他都市へ人の目は移り、台南から人口が流出していった。生活が便利になることはもちろん喜ばしい。ただ急な開発には犠牲がつきまとう。歴史的建造物を取り壊し、古くて価値のあるものまで取り除き、急ピッチで進められてきた乱開発の結果、多くの都市は本来あるべき「生活する」という意義をどこかで失ってしまった。

そんな台北やその他の土地に物足りなさを感じる人々が、本当の意味での「台湾」が生きている台南に戻って来ている。そんな気がしてならない。

そして、私自身もそうかもしれない。台湾人の父と日本人の母の間で生まれた私は生後すぐに父の故郷である台湾の台北に渡って生活を始めた。

１９７０年代のことで、当時の日本では高度経済成長が一段落し、ほとんどの家庭が三種の神器であるテレビと洗濯機と冷蔵庫をそろえ、豊かな生活を送っていた。一方、台湾では、国民党の一党独裁のもとに長期間の戒厳令が敷かれており、ようやくこれから成長期へ突入しようかという時期だった。
30年ほど昔の記憶を、私の頭の中からちょいと引き出してみると、こんな感じだ。
お線香の香り。
熱風。
サザエさん頭のおばちゃん。
下水のような汚い水でお皿や野菜を洗う屋台。
積載人数をはるかにオーバーして扉が閉まらないバス。
服装を気にしないおじさん。
早朝の豆花売りのかけ声。
子供たちの笑い声。
道のいたるところを赤く彩るビンロウのカス。
放送時間よりも休憩時間のほうが長いテレビ。
欠けたお茶碗。
林立する屋台。
蔣介石の銅像に中華民国の国旗。
器用に手鼻をしながら闊歩するおじさん。
車の底に穴が開いて道路が見えるタクシー。
活気溢れる市場。

排気ガスとガソリンの匂い。

ニワトリの鳴き声に鮮やかに咲き乱れる花々――。

秩序はなく混沌としていたが、そこには人々の生きている息づかいや痕跡が荒々しく感じられ、私もその風景の一部として存在していた実感がある。

物質的な豊かさは日本よりも劣っていたかもしれない。しかし陳腐な言葉かも知れないが、いまにして思えば、確かに、精神的な豊かさといえるようなものがあった。

１９８０年代に入ると私たち一家は生活の基盤を台湾から日本に移した。日本で暮らすようになって一番驚いたことは、テレビをつければ一日中番組が放送されていることだった。学校の宿題も少ない。町並みは整然としている。規則正しく交わされる会話。スーパーではパックされたお肉やお魚が並んでいた。水道の水が飲めて、ゲームや漫画など遊ぶ道具はたくさんあった。

台湾からきた私は最初、人家に誤って迷い込んだ野良猫のようだった。しかし、適応性が高いところがあるのか、すぐに馴れてかわいい飼い猫へと変身した。日本はなんて素敵なところなのだろうと思うようになり、もう台湾に帰りたくないと親にせがんだ。

それから20年以上も台湾とは関係が薄れたままだったが、２００７年ごろから、仕事や人間関係もあって、台湾との縁が再び深まるようになってきた。

台湾・台北の暑さは昔と変わらなかったが、風景は一変していた。まるで東京のようだった。行儀よく並んだ高層ビル。古ぼけたバスに取って代わったＭＲＴ（台北捷運《タイペイチエユン》／Mass Rapid Transit）。冷房の効いたレストラン。

変わらないと思っていた当たり前の景色。変わらないと思っていた匂い。変わらないと思っていた人々……。ワイパーでかき消されてしまった水滴のように、私の知っている台湾が、跡形もなくなってしまった。あれだけ嫌がっていたのに、なくなってみて初めて喪失感に襲われた。家族との思い出も一緒に消えてしまったように思えたのかもしれない。

こんなのは私の知っている台湾ではない。もう一度生活していた頃の台湾に出会えるところはないだろうか。台湾の人からすれば、身勝手な思いかも知れないが、そんな欲求不満を抱えているときに出会ったのが、台南だったのである。

台南の地には有形無形の台湾らしい文化や生活がそのまま残っている。

30年前に台北でよく見かけた路地裏のおじいさんを台南の街角に見つけたときは無性に嬉しかった。子供のころ、口にしたかき氷の味。飛び交う台湾語を聞いていると、日本人なのに台湾語を一生懸命覚え、市場で必死に値切っていた亡き母の買い物姿を思い出したりもした。

となり近所の息づかいを感じることが出来る街に安らぎを覚える。

「ご飯食べた?」「どこに行っていたの?」とお節介をやいてくれる人がいる。

駄菓子屋さんをみつけた子供のように心が躍り、懐かしさが心にあふれた。

台湾全土で起きている台南ブームについて考えると、ある部分で、台湾人もまた、私と同じように感じているのではないだろうか。殺伐とした現代的な暮らしに疑問を感じるようになった台湾人が真の「台湾的生活」を求め、たどり着いたのが台南なのかもしれない。

本を開きながら、こんなことをあれこれ考えていたら、30分ほどが過ぎていた。まだ雨足は弱まらない。

少し目を閉じて、私と台南を繋ぐものについてもうちょっと考えてみた。

私の父は台湾人で、姓は「顔《イエン》」といった。だから私は台湾では親戚などから「顔妙《イエンミャオ》」と呼ばれる。言葉の響きがいいので嫌いではない。実はこの顔姓、台南在住者が一番多い。

もしかしたらルーツは台南にあるのでは、と調べてみると、日本でもよく知られた「鄭成功」と私の顔家は関わりがあるかも知れないことが分かった。

鄭成功は人形浄瑠璃の「国性爺合戦」を通して日本でも有名な人物だが、鄭成功を育てた父親の鄭芝龍と同盟を結び、台湾へ最初に上陸した伝説的人物に顔思斉という人がいた。

彼は福建省の海澄というところで育ち、日本や台湾をまたにかけて活躍する海賊王として名を馳せた。台湾での拠点に選んだ場所が台南であり、顔家は台南や台南の北にある嘉義に地盤を築いた。そのため、台南には顔姓が多いのである。私の顔家は台湾北部の基隆という場所で、鉱山を経営する一族だったが、もとをたどれば、顔思斉にたどりつく、という風に考えられなくもない。

そんな「血」までも、私を台南に呼んでいるのかも知れない。

日本では台南という場所はかなりマイナーだ。毎年のように台湾に行く台湾好きの人ですら、台南には行ったことがないという人が多い。

「台南って台湾の一番南にある都市でしょ？」

「台南ってなにがあるの？」

台南を勧めてみても、たいていこんなリアクションなので返答に窮する。一言で言い尽くせるようなタイプの「魅力」ではないからだ。

なぜなら、台南には、台湾の歴史、台湾の人、台湾の味、台湾の風景、台湾らしさ、それらの全てが詰まっているからだ。

台南は台湾で一番古い街。だから信仰も多様だ。台湾で一番古いキリスト教長老派の教会があり、道教など民間信仰で人々がお参りする廟の数も多く、早朝には家々の門前や廟からお線香の煙が朝靄のように立ちこめる。

古民家を改造した民宿が数多くあり、週末は半年以上前から予約しないと泊まれないほど大人気だ。なかには京都の「俵屋旅館」並のサービスを提供する民宿もあり、そのホスピタリティには驚かされる。

一見普通のソフトクリーム屋さんなのに、お店の前は大行列。一日３００個以上の売れ行きというから不思議でたまらない。

深夜大賑わいなのはカフェではなく、フルーツ屋さん。台南はフルーツ王国であり、なんでも美味しい。

最初に台湾を統治したオランダ人が１６２４年に建てた台湾最古の古堡・ゼーランディア城に混じり、清朝時代や日本統治時代の建物が共存している街並。

台北では若者があまり使わなくなってしまった台湾語が主要言語として飛び交う商店。

ここが台湾開祖の地だと誇りを持つ安平という地域の人たち。

気難しいが本をこよなく愛する店主が開いたおしゃれな古本屋。

路地裏の長屋に住む人々。

台南でヒールやストッキングはいらない。一年中熱帯気候で雨の少ない台南では、「人字拖鞋《レンツートゥオシエ》（ビーチサンダル）」に「短褲《トワンクー》（短パン）」が標準スタイルだ。

一見無秩序にも思えるが、新旧が一つの家族のように、お互いを立て合い、息づいている。

一度行ったらまた帰ってきなさいと声をかけてくれる台南。

こんな台南を知らないのはもったいない。

台南ブームに乗らないのはもっともったいない。


ようやく雨が小降りになってきた。

まもなく、さくっと潔く雨は上がってしまうだろう。

早く日本から履いて来た靴を脱ぎ捨て、ビーサンで台南の地を踏みしめ、本でチェックした店をはしごしたい。友人がやっと着いたようだ。手を振っている。

わたしの台南

「ほんとうの台湾」に出会う旅

目次

「人々が夢を見て、仕事をして、恋を語らい、結婚し、ゆったりと生活するのにもってこいの土地である」

――台南出身の高名な文学者・葉《イエ》石《シー》濤《タオ》が台南について語った言葉

＊本文中の固有名詞の読み方は原則として中国語の発音に基づくが、一部は現地で使われる台湾語の発音を用いた。
また、価格などの情報は２０１４年８月現在のものとし、１元≒３・４円で換算している。

花園夜市
（木・土・日）
小北成功夜市
（火・金）
公園路321巷藝術聚落
（日式宿舍群）
鳳凰花が多い
台南市街拡大図 P.23
台南公園
成大醫院
兌悦門
北區公所
大觀音亭
衛屋茶事
歷史文物館
巨大
ガジュマル
成功大學
薬王廟
西門圓環
石精臼市場
赤崁樓（羽鳥市長の銅像）
大天后宮
祀典武廟
台南駅
台南観光
インフォメーション
センター
1
成功大学
博物館
学生の食堂街
新光三越
貸しバイク屋
（機車出租）
西市場
湯德章
紀念公園
台灣府
城隍廟
康樂市場
中西區公所
中西區
小西門
ロータリー
伝統家屋
蘇氏五間厝
運動公園
孔子廟（明倫堂）
5
東門圓環
新心藝術館
彌陀寺
延平郡王祠
6
大東門
水萍塭公園
奇美醫院
台南分院
國立台南
大學
誠品書店
仁村醫院
城南舊肆
（古本屋）
台南市立棒球場
大東夜市
（月・火・金）
東區
縱貫鐵路
海安路二段
小北路
開元路
公園北路
東豐路
臨安路二段
西門路三段
北門路二段
長榮路四段
小東路
公園南路
成功路
民族路三段
前鋒路
勝利路
大學路西段
長榮路三段
民權路三段
民生路二段
民族路二段
民權路二段
育樂街
正興街
民生路一段
中山路
民族路一段
東寧路西段
中正路
青年路
東榮街
新樓街
府前路一段
和意路
永華路一段
大同路一段
樹林街二段
府連路
東門路二段
府東街
林森路一段
健康路一段
五妃街

台南全図

台南全図
N
10Km
高鐵嘉義駅
嘉義駅
菁寮
後壁駅
後壁區
靜楽館
警光山荘
老街山産美食
関子嶺温泉
儷景溫泉會館
鹽水武廟
新營區
水火同源
東山區
鹽水區
學甲區
八田与一紀念公園
烏山頭水庫風景区
烏山頭ダム
麻豆區
官田區
台灣高鐵
縱貫鐵路
中山高速公路
福爾摩沙高速公路
玉井區
玉井郷芒果産業文化資訊館
（玉井マンゴー
産業文化情報館）
山上區
安南區
鹿耳門
新化老街
国定史跡「台南水道」
台南給水廠山上浄水場
台南市街図
台南駅
關廟區
台南都会公園博物館～
奇美博物館新館
高鐵台南駅

台湾全図

台湾全図
N
50km
桃園国際
空港
松山空港
基隆
台北
台湾海峡
台灣高鐵
中山高速公路
台中
彰化
日月潭
澎湖諸島
阿里山
北回帰線
嘉義
嘉南平原
台南
台南全図
台東
高雄
高雄国際空港
太平洋

台南市街図

N
500m
Tainan Tour Bike
(公営レンタサイクル)
安平インフォメーション
センター
騎晴單車
(レンタサイクル)
安平樹屋
小遊龍自行車
(レンタサイクル)
蚵灰窯
ゼーランディア城
台鹽日式宿舍
安平開台天后宮
安平老街
丸奇號
國勝路
妙壽宮
Tainan Tour Bike
(公営レンタサイクル)
安平港
安億橋
漁人碼頭
札哈木原
住民公園
林默娘公園
慶平海産
安平區
安平區公所
台南市立醫院
安平門診部
壘球場
中山慢速壘球場
億載金城
誠品書店
台灣台南
地方法院
海濱秋茂園
永華公園
台南市
政府廣場
台南市議會
阿安牛肉湯
旗哥牛肉湯
砂浜
漁光島
漁光大橋
鯤鯓湖
台南市政府警察局
龍山寺
鹽水溪
台南運河
府安路七段
大興街
和緯路五段
西賢五街
機車專用道
西湖街
華平路
湖美街
民權路四段
古堡街
中興街
安北路
安平路
大平路
運河路
慶平路
建平十七街
國平路
建平十一街
建平路
安億路
平通路
怡平路
健康三街
建平八街
永華路二段
光州路
平豐路
育平路
郡平路
建平七街
文平路
府平路
建康一街
永華二街
建平三街
健康路三段
南榮街
新港路二段
新忠路
新孝路
新仁路
新建路
新榮路
新愛路
新信路
新興路
新港路
中華西路一段
新義路
新義南路
新和路
新平路
漁光路
鯤鯓路
5 阿億牛肉城
6 長榮牛肉湯
14 施家小巻米粉
29 周氏蝦捲(總店)
30 古堡蚵仔煎
42 茂記安平黒豆花大王
43 同記安平豆花(本店)
44 福記水煎包
45 周氏豆花
1 シャングリラホテル
10 臺窩灣民居
11 毛屋

台南市街拡大図

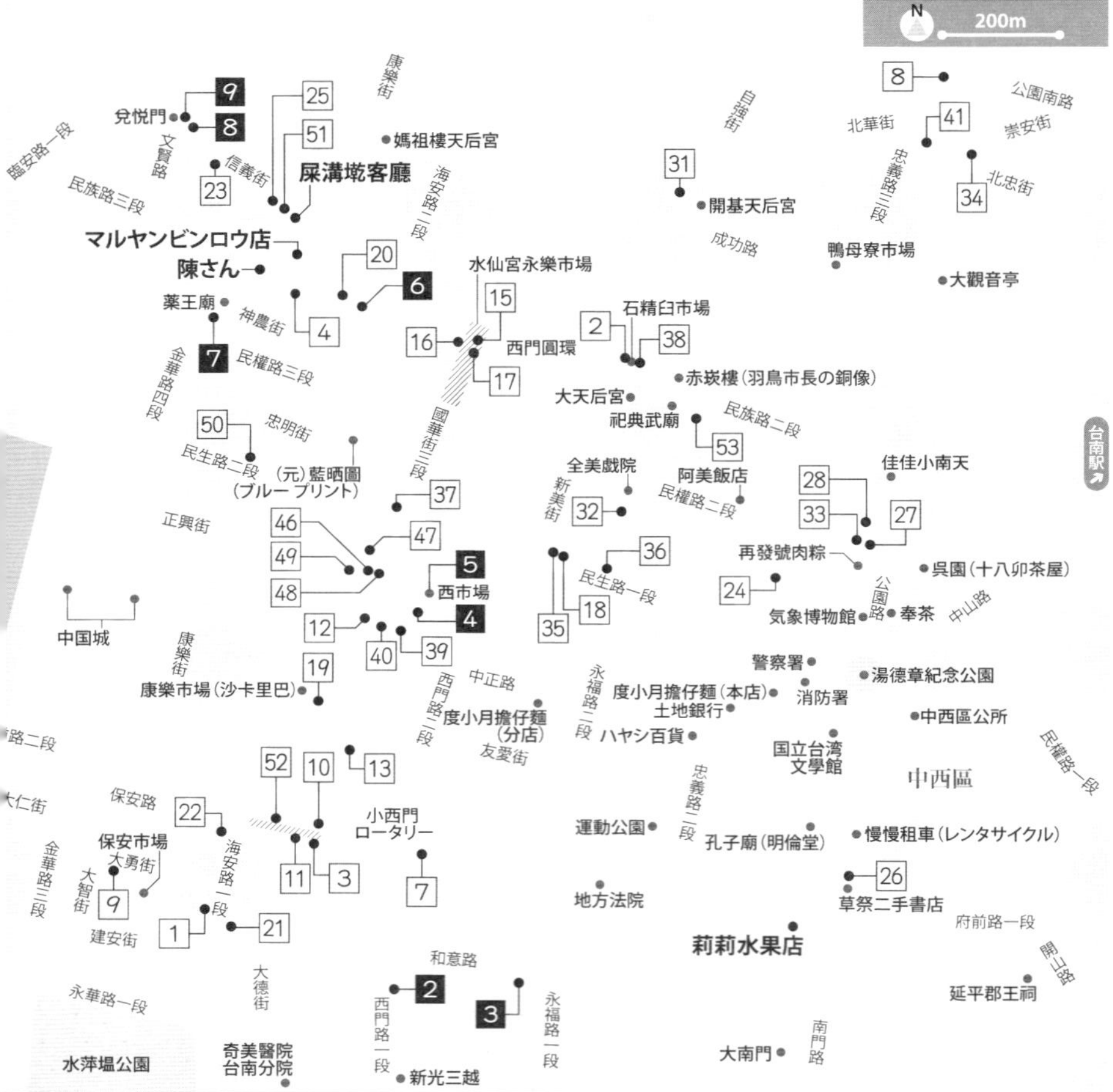

- 1 六千牛肉湯
- 2 石精臼牛肉湯
- 3 阿村第二代牛肉湯
- 4 康樂街牛肉湯
- 7 阿堂鹹粥
- 8 阿憨鹹粥
- 9 無名鹹粥
- 10 茂雄蝦仁肉圓
- 11 阿鳳浮水虱目魚羮
- 12 邱家小卷米粉
- 13 葉家小卷米粉
- 15 金得春捲
- 16 阿松割包
- 17 富盛號碗粿
- 18 卓家汕頭魚麵
- 19 廖家老牌鱔魚麵
- 20 阿江炒鱔魚
- 21 矮仔成蝦仁飯
- 22 集品蝦仁飯
- 23 筑馨居
- 24 阿霞飯店
- 25 黎巴嫩玫瑰25號茶店
- 26 窄門咖啡
- 27 B.B. ART
- 28 FILM
- 31 舊來發餅舖
- 32 舊永瑞珍囍餅
- 33 新裕珍餅舖
- 34 連得堂餅家
- 35 冰鄉
- 36 裕成水果
- 37 俗俗賣木瓜牛乳
- 38 謝家八寶冰
- 39 江水號
- 40 泰山冰店
- 41 無名豆花
- 46 IORI TEA HOUSE
- 47 泰成水果店
- 48 正興咖啡館
- 49 蜷尾家甘味処
- 50 一緒二
- 51 慕紅豆
- 52 阿卿傳統飲品・冰品
- 53 義豐阿川冬瓜茶
- 2 ランディスホテル
- 3 シルクスプレイス台南
- 4 謝宅
- 5 佳佳西市場旅店
- 6 有方公寓
- 7 木子
- 8 Fat Cat Deli
- 9 老古石渡
- 小吃店が集中

第一章

おいしい台南へようこそ

美食の街を食べつくす

「なにを食べても美味しい」と評判の台湾でも、台南はナンバーワンの美食の街だ。私がついつい台南に足を運んでしまうのも、動機として、台南に台湾のほかの土地では味わえない料理があるからだ。台南にいると、「ホテルで寝ているのはもったいない」と考えて、大阪の食い倒れではないが、足を棒にしてくたくたになるぐらい、ついつい食べ歩きに精を出してしまう。

台南の味を語るのに、まずは「小吃《シアオチー》」から始めたい。

台湾人の台南に対するイメージは「小吃が美味しい」。小吃とは台湾の屋台やお店で手軽に食べられる中華の一品料理のことを指すが、その起源は台湾の成り立ちにもつながっている。

大昔の台湾人の多くは中国大陸沿岸部一帯から、台湾海峡を越えて台湾島にやってきた人たちであり、とても貧しかった。当時、清朝が妻帯者の渡航を禁止していたことから、台湾への移民は故郷で食べるのに困った独身男性が大部分を占めていた。彼らが身近な食材を男手で簡単に調理して食べた料理が台湾小吃の起源だと言われている。

台南の朝食といえば牛肉湯。レアに仕上げた肉は生姜と醤油ダレで（石精臼牛肉湯にて）。

ひっそりと佇む「石精臼牛肉湯」はおじいさんが営む。

早朝からにぎわう「六千牛肉湯」。厚めの肉で男性に人気。

朝は牛肉スープ

「早起きは三文の徳」

これほどこの言い回しが似合うところはないくらい台南の朝食は種類が豊富だ。

どこでも寝られて、お腹が空いて目が醒めるという旅向き体質の私にとって、朝から昼食や夕食で普通のメニューになりそうなボリ

店によって牛肉湯以外の牛肉料理も出している（長榮牛肉湯にて）。

1 **六千牛肉湯《リウチェンニウロウタン》**
台南市中西区海安路1段63号 ☎ 06-2227603
㊢ 5:00～（売り切れ次第終了）
㊡ 火曜日

2 **石精臼牛肉湯《シーチンチウニウロウタン》**
台南市中西区民族路2段246号 ☎ 06-2232266
㊢ 17:00～23:00/1:30～11:00
㊡ 火曜日

3 **阿村第二代牛肉湯《アーツンティアルタイニウロウタン》**
台南市中西区保安路41号 ☎ 06-2293908 / 0915-200738
㊢ 4:00～10:00（売り切れ次第終了）/ 18:00～（売り切れ次第終了）
㊡ 月曜日夜、火曜日朝

安心感のある味ならここ「阿村第二代牛肉湯」。

ユームのものを食べられるのだから、台南ほど幸福な場所はない。なかでも、台南でしか食べられない朝食の小吃といえば、真っ先に挙げたいのが「牛肉湯《ニウロウタン》」、つまり牛肉スープである。台南には台湾で最も大きな牛の処理場があるため、台南で発達した料理だ。

台南の中心部を走る海安路《ハイアンルー》は観光客が集まり、バーやカフェ、レストランが居並ぶにぎやかな通りだが、早朝は違う顔を持っている。

朝5時ぐらいだと、登った太陽にほのかに照らされ、広々とした海安路を歩けば清々しい気分になれる。ほとんどの店のシャッターが降りているなかで、たった1軒、長蛇の列ができているのが「六千牛肉湯」だ。

店先の道路には黄色の看板が置いてあり、青字で六千、赤字で牛肉湯と書かれている。前にはおびただしい数のバイクが停まっている。軒下にはいくつもの円卓。どこも満席だ。

牛肉湯は、牛骨や野菜などを煮込んだ熱々のスープに、その日の朝、処理されたばかりの牛肉のスライスを泳がせただけのシンプルな料理だ。日本のしゃぶしゃぶに似たところもあるが、こちらの具材はまさに牛肉のみ。スープで牛肉を食べる。ただ、お店ごとに提供している牛肉の部位や厚みが異なり、スープの取り方にもそのお店の秘伝が隠されている。

六千牛肉湯は、他のお店に比べ肉が厚切りで、スープの量が多く、味は薄味だ。お客は学生中心で、男の人が多い。

ごはん片手に、スープの中の赤みがかったちょい生の牛肉を生姜入りのやや甘めの粘り気のある醬油ダレにつけて口に運び、スープを飲むというのが一般的な牛肉湯のいただき方。朝イチにお肉？と思ってもペロッと食べられるから不思議だ。

ほかにも牛肉湯の店はたくさんある。赤崁樓近くの「石精臼牛肉湯」や保安路《パオアンルー》の「阿村第二代牛肉湯」、康楽街《カンローチェ》の「康樂街牛肉湯」、東門《トンメン》圓環《ユワンホワン》の「阿憶牛肉城」や台南駅を挟んだ東の成功大学側にある「長榮牛肉湯」もお勧めしたい。
石精臼牛肉湯はおじいさんが経営していて、地元の人がひっそりと通う雰囲気の店構え。牛肉がしっかりとした食感で、かみごたえがかなりある。康樂街牛肉湯も地元民が通う信頼できる味の一軒。阿村第二代牛肉湯は味や量のバランスが良い。阿億牛肉城は牛肉湯のほかにも、牛肉麵や牛肉の野菜炒めなど、牛肉を使ったメニューが豊富だ。

東門圓環の「阿億牛肉城」はメニューの種類が豊富。

長榮牛肉湯は店頭で牛肉スープを作っているおかみさんに注目してもらいたい。なかなかのファッションセンスの持ち主だ。冬に訪れた際は、薄化粧を施し、ブーツを履き、カラフルなセーターを着込んでいた。まるで服飾店の販売員さんのように見えるが、彼女の手から作り出される牛肉湯は絶品だ。甘めのスープに、しっとりとしていて、とろけるような牛肉が加わる。小さめの一碗なので必ずおかわりしてしまう。

サバヒー粥

台南の朝食における肉の代表格が牛肉湯だとすれば、魚の代表格は現地で「虱目魚《サバヒー》」と呼ばれる魚

4 康樂街牛肉湯《カンローチエニウロウタン》
台南市中西区康楽街 325 号 ☎ 06-2270579
㊒ 4:30～13:30/16:30～1:30
㊡ 火曜日

5 阿億牛肉城《アーイーニウロウチョン》
台南市中西区民権路 1 段 1－3 号（東門圓環）
☎ 06-2244884
㊒ 17:00～2:30
㊡ 月曜日

6 長榮牛肉湯《チャンロンニウロウタン》
台南市東区長栄路 2 段 88 号 ☎ 06-2754190
㊒ 4:30～10:30
㊡ 火曜日

「長榮牛肉湯」は味だけでなく、作るおかみさんのファッションも魅力的。

のおかゆ、「鹹粥《ギャンムェ》」を挙げたい。「鹹」はしょっぱいという意味で、「塩味のおかゆ」が直訳だが、台南で鹹粥と言えばサバヒー粥を意味する。サバヒーは、台南名物の養殖魚だ。

先ほどの海安路から東へ少し進むと、「阿堂鹹粥」に着く。白地にかなり大きな黒い字で阿堂鹹粥と書かれている看板があるので、見落とさないはずだ。

大きな看板の「阿堂鹹粥」は名物朝食・サバヒー粥の名店。

牛肉と同じく、台南名物のサバヒーも鮮度が命。明け方に養殖池から運ばれてきたサバヒーを、家族経営スタイルで調理しているのがこのお店だ。

お粥といっても、日本のお粥のようにお米がメインではなく、他の具材に添えられた米粒という感じのもの。とりあえず、名物の魚肚鹹粥（サバヒー粥）を注文する。お碗からはみ出す程の腹身がデーンとのっている。サバヒーは細かい骨が多く、嫌がる人も多いが、ここでは全ての骨が抜かれていて、脂の乗ったサバに似た食感だ。コラーゲンたっぷりのプリプリとした白身。朝起きがけから店に足を運んだ地元の人たちはみんなつるつると美味しそうに食べている。

お腹が一杯でなければサバヒーの他に、魠魠魚《トゥートゥオユィ》（サワラ）やカキも入った「綜合鹹粥」を頼んでみるのがいいかもしれない。各種具材がフレーク状態でスープに入っていて、食べやすい。お茶漬けといった感じだろうか、さらさらと口の中に流れ込む。

サバヒー粥でもう一軒有名なのが公園南路《コンユアンナンルー》にある「阿憨鹹粥」だ。

通常お粥屋さんは早朝から昼前までの営業が多いが、ここは夜10

看板のない「無名鹹粥」。
味も量も十分なのに庶民
価格なのがうれしい。

「阿憨鹹粥」は夜10時
までやっている便利な
お店。夜食にもOK。

魚の練りもののスープを出す
「阿鳳浮水虱目魚焿」。

米粉の皮で包んだ
あっさり味の肉圓
の店「茂雄蝦仁肉
圓」。

「邱家小巻米粉」もイカ米粉の名店。

7 **阿堂鹹粥《アータンシェンチョウ》**
台南市中西区西門路1段728号
☎ 06-2132572
㊔ 5:00～12:00（売り切れ次第終了）
㊡ 火曜日

8 **阿憨鹹粥《アーハンシェンチョウ》**
台南市北区公園南路169号
☎ 06-2218699
㊔ 6:15～22:00
㊡ 不定休

9 **無名鹹粥《ウーミンシェンチョウ》**
台南市中西区大勇街83号 ☎なし
㊔ 5:00～13:00

10 **茂雄蝦仁肉圓《マオシュンシャレンバーワン》**
台南市中西区保安路46号 ☎ 06-2283458
㊔ 9:30～（売り切れ次第終了、大体20時くらいまで）

11 **阿鳳浮水虱目魚焿《アーフォンフーショイシームーユイコン》**
台南市中西区保安路59号 ☎ 06-2256646
㊔ 7:30～1:00
㊡ 不定休（40日おきに不定休）

12 **邱家小巻米粉《チウチアシアオチュワンミーフェン》**
台南市中西区国華街3段5号 ☎ 06-2210517
㊔ 11:00～17:00

時までやっている。朝に食べられなかったり、夜寝る前にどうしても食べたくなったりしたら使える店だ。大通りの交差点にあり、席数もかなり多いため、選挙運動中の議員さんたちが食べに行くところとしても有名だとか。

サバヒー粥のお店でほぼ地元の人しか訪れない隠れた名店は大勇《ターヨン》街《チエ》と大智街《ターチーチエ》の交差点付近にある「無名鹹粥」だ。味と量のバランスがとれていて、庶民価格で安い。

牛肉スープにサバヒー粥、どちらも甲乙つけがたい。そんなに量も多くないので、目の覚めかけた胃に温かい汁物が優しく感じられる。せっかくだから台南人の朝食の定番2品とも、朝の早い時間帯に試してみてはどうだろうか。

味の路地、国華街《クオホワチエ》

国華街という「味な」路地がある。ここは台南人でも納得する味の小吃が密集している。

国華街と保安路の交差点からほど近いところにある「茂雄蝦仁肉圓」。肉圓《バーワン》と言えば、台南より北にある彰化が有名な料理だ。ただ、彰化の肉圓は「地瓜粉《ティーコワフェン》」（サツマイモの粉）を皮に使い、具材として肉と竹の子などを入れ、油で揚げるが、台南の肉圓は皮に「米《こめ》粉《こ》」を使い、具材には蝦などを入れて蒸したものになる。

セイロの蓋を開ければ、もわっとした水蒸気が立ちこめる。水蒸気が空気に吸収され、視界に飛び込んでくるのは、水餃子のような形をした蝦仁肉圓がびっしりと並んでいる壮観な姿だ。

半透明の皮からはピンク色の蝦が浮き上がって見える。お碗に三つ入れ、蝦の出汁から作った特製のあんをかけてお客の前に出す。蒸し餃子とゆで餃子の中間といった食感。見た目ほどは味が濃くなく、あっさりとしている。

茂雄蝦仁肉圓の斜め向かいには、有名な「阿鳳浮水虱目魚焿」がある。虱目魚焿とは、サバヒーなどの練りものをとろみのあるクリアなスープに入れたもので、その状態が水に浮いているように見えることから浮水とつけられたとか。

スープには地瓜粉を使っているので、少し甘味がある。

「グリーン・デスティニー」や「ラスト、コーション」などの作品で世界的に有名な台湾人の映画監督アン・リーは、この台南で生まれ、台南の小吃を食べて育った。アン・リーがとりわけ好きだった故郷台南の味は「小巻米粉《シアオチュワンミーフェン》」という料理だ。

　小巻はスルメイカ。イカは湯通しするとその身をくるっとさせるので、そこから付けられた名前だろう。台南で使われる米粉《ビーフン》は、日本でも売っている細くて長い「新竹米粉」とは違い、太くて短いタイプ。ちょっとキメの粗い稲庭うどんを想像してもらいたい。


スルメイカと米粉をスープに入れたシンプルな一品が小巻米粉だ。台南で有名な小巻米粉の店は3軒あり、そのうち「邱家小巻米粉」と「葉家小巻米粉」の二つは国華街、もう一軒の「施家小巻米粉」が中華西路《チョンホワシールー》にある。

　どちらの店も店先の大きな釜でスープがグツグツと煮立っている。盆ザルには七分茹でのプリプリのイカと米粉が載せられ、注文に応じてさっとスープにくぐらし、お碗に盛りつけてくれる。

　注文してから出来上がりまで30秒もかからない。吉野家より早くてびっくりだ。

鍋一杯に広がる米粉（上「葉家小巻米粉」）。「施家小巻米粉」（下）は中華西路にある。食べ比べもおすすめ。

13 **葉家小巻米粉《イエチアシアオチュワンミーフェン》**
台南市中西区国華街2段142号 ☎ 06-2226142
㊔ 8:30～（売り切れ次第終了、通常は16時くらいまで）
㊡ 月曜日

14 **施家小巻米粉《シーチアシアオチュワンミーフェン》**
台南市南区中華西路1段2巻5号 ☎ 06-2631721
㊔ 9:30～20:30
㊡ 月曜日

ちなみに、元祖の小巻米粉は葉《イエ》國《クオ》という人が日本統治時代、台南人の台所・西市場《シーシーチャン》で開いたが、後継者がいなくて店を閉め、厨房で働いていた施武雄《シーウーシュン》さんが「施家小巻米粉」を開いた。「邱家」も葉國の弟子の店で、「葉家」は葉國の家族が開いた。要するに皆同じ師匠の門下生ということになるが、食べ比べてみると微妙に味も米粉の食感も違う。どれも美味しく甲乙つけがたいが、米粉の太さは施家、邱家、葉家の順であり、私の好みもこの順番となる。量は邱家が一番だ。施家の場所は街中から少し離れているが、行く価値はあると思う。

台南の小吃のお店は、ほとんどが家族経営で、基本的に単一メニューで勝負し、仕入れ分がはけたら終わり。それだけ味に自信があるのだろう。お客さんの多い土日ともなればどの店もさっさと夕方には店を閉めてしまう。

国華街と民族路《ミンズールー》の角には、「金得春捲」「富盛號碗粿」や「阿松割包」など美味しい店が集中している。どこも大行列なのですぐにわかる。

金得春捲は潤餅捲《ルンピンチュワン》という台湾式生春巻を売っている。春巻のように油では揚げず、クレープ生地に店頭に並んでいるキャベツ、卵、蝦、もやしなど10種類以上の具材をテンポ良く入れ、最後にピーナッツの粉とお砂糖を混ぜ合わせたものを大量に振りかけて包んでいる。具材が多く、振りかける砂糖がたっぷりで甘い。1本30元（約100円）でお腹が一杯になって

10種類以上の具を巻く台湾式春巻「潤餅捲」（右「金得春捲」）。行列ができる中華バーガーの「阿松割包」（左）。

数百年前からあるという、これまた台南名物の「碗粿」を出す「富盛號碗粿」。

しまう。

碗粿《ワークェイ》とはお米をすりつぶしたものに、お肉や干しえびなど数種類の具を入れて蒸したもの。数百年も前から食べられている台南名物で、お碗に入れて蒸すため、碗粿と呼ばれるようになったとか。

碗粿そのものの味は、素朴な感じだ。上から醤油膏と呼ばれるやや甘めの醤油ダレとおろしニンニクをかけ、竹べらを使って切るように食べる。しょうがたっぷり入った魚のつみれスープもあるので、一緒に食べると口がさっぱりする。

阿松割包ではマントウの皮に割り目を入れ、その間にトロトロのタンなど、いくつもの部位の豚肉や鹹菜を挟み、胡麻ダレをかけたごくシンプルなもの。中華バーガーとも呼ばれる。

割包は伝統的に年末に食べる習慣がある。マントウを少し割り、なかに豚肉を入れた外見が、豚肉を食べている虎に例えられ、一年の厄を全て食べてしまうという言い伝えによる。たっぷり具を挟み二つで80元（約270円）ときたら、「うまい、早い、安い」ということで、大行列ができるのだ。

魚肉メンと、田うなぎメン

麺類でおすすめしたいのは「卓家汕頭魚麺」。麺とあるが、小麦粉は一切使わず、漁師から価値がない魚として捨てられる「狗母魚（エソ）」の身を原料として手延ばしで作ったものだ。つまり魚肉のメンである。外見は縮れ麺のようだが腰が強く、ほのかな甘味があり、かめばかむほど味が出る。一

15 金得春捲《チントーチュンチュワン》
台南市中西区民族路3段19号
☎ 06-2285397
㊢ 7:00～17:00

16 阿松割包《アーソンコーパオ》
台南市中西区国華街3段181号
☎ 06-2110453
㊢ 8:00～18:00
㊡ 木曜日

17 富盛號碗粿《フーションハオワークェイ》
台南市中西区西門路2段333巷8号
☎ 06-2274101
㊢ 7:00～17:00
㊡ 月曜日

碗では物足りない。私のように、かまぼこなどの練り物が好きな人は絶対にハマる一品だ。

台南名物の麺類と言えば「鱔魚意麺」を忘れてはならない。日本人にはあまりなじみのない食材の田うなぎを使った、ザ・台南という料理の一つである。

台南人が田うなぎを食べるようになったのは、日本人の鰻好きに影響されたという。日本統治時代、日本人は鰻を好んだが、台湾には鰻がなく、味や食感の似た田うなぎが代用食材として調理され、それがいつの間にか台南名物となったらしい。国華街と友愛街《ユーアイチェ》にある康楽市場《カンローシーチャン》の「廖家老牌鱔魚麺」が台南で最初に田うなぎ麺を売り出したお店だと言われている。

店先にはまだ鮮血したたる捌きたての田うなぎが裏返された竹籠の上にたくさん盛られている。少々グロテスクだけれども、鮮度抜群の証明だ。

「田うなぎは27秒以上火を通してはいけない」

こう言いながら、店主の廖《リアオ》さんはその早業をパフォーマンスしてくれる。なぜ27秒なのかは分からないが、長年の経験なのだろう。

炒めたての田うなぎは臭みがなく、プリプリとした食感。そこに甘いタマネギとウスターソースの味がマッチして、唐辛子の辛味も入っている。

エソの身から手延ばしで作る魚肉メンの店「卓家汕頭魚麵」。

どの店でも、店主が田うなぎを素早く炒める様がその店の名物となっている。年季の入った店内は薄暗く、メニューもない。台湾語しか通じない地元感が漂う「阿江炒鱔魚」は民族路にある。夕方から深夜にかけてしか店は開いていないが、いつ行っても人で一杯だ。

中華鍋にお玉をカンカンと叩き付け、田うなぎを炒めるので、数ヶ月で鍋に穴が開いてしまうという話が伝わる。

台南の小吃は全般的に甘めだが、ここの味付けは甘味が少なく、ニ

田うなぎメンの「廖家老牌鱔魚麵」は店主の27秒（！）の早業が名物。

ンニクとやや焦げた香ばしい匂いがする。鍋をたたく時にでる、鍋底にへばりついたお焦げが香ばしい味の正体ではとも言われているが、目の前の壺からすくい出す秘伝のタレによるものかもしれない。

台南では日本統治時代から人気がある一品だという、エビチャーハンも紹介したい。海安路の「矮仔成蝦仁飯」という店だ。お茶碗にお店特製の味付けを加えたチャーハンをよそい、その上に、当日水揚げされた新鮮な蝦を強火で炒め、載せてくれる。

蝦仁飯に必ずついてくるのが鴨の溶き卵のスープだ。鴨の餌に毎

プリプリのエビチャーハンもおすすめ（「矮仔成蝦仁飯」）。

18 **卓家汕頭魚麵**《ツオチアシャントウユイミエン》
台南市中西区民生路1段158号
☎ 06-2215997
㊎ 10:00～21:00 ㊡ 不定休

19 **廖家老牌鱔魚麵**《リアオチアラオパイシャンユイミエン》
台南市中西区中正路康楽市場（沙卡里巴）113号
☎ 06-2249686
㊎ 11:00～21:00 ㊡ 不定休

20 **阿江炒鱔魚**《アーチアンチャオシャンユイ》
台南市中西区民族路3段89号 ☎ 0937-671052
㊎ 17:00～00:30 ㊡ 不定休

21 **矮仔成蝦仁飯**《アイツァイチョンシアレンファン》
台南市中西区海安路1段66号
☎ 06-2201897
㊎ 7:00～19:30 ㊡ 不定休

「矮仔成蝦仁飯」の息子さんがやっている「集品蝦仁飯」もエビチャーハン店。

日剝かれる蝦の殻を使っていることから、その卵はカルシウムを多く含むらしい。なぜかこの2品をセットで頼む人が跡を絶たなくなり、いつのまにか誰もが注文する定番となったという。

海安路を挟んだ向かいに「集品蝦仁飯」というエビチャーハンを出すもう一軒の有名店がある。甘みがある優しい味だ。「矮仔成蝦仁飯」が元祖で、「集品蝦仁飯」はその息子が開いた。前者はすでに父親が引退し、いまは他の人に任せているので、味は息子のお店のほうがおいしいというのは地元の人々の評価だ。おなかに余裕のある人は2軒食べ比べてみてはどうだろうか。

伝統台南料理

屋台での小吃が多い台南。東京や台北のようないわゆるレストランになかなか出会えない。しかし、探せば、美味しい店もある。

まず紹介したいのは、完全予約制レストラン「筑馨居」。1876年の清朝時代に建てられた赤煉瓦の一軒家を改装して、昼食と夕食を提供している。店主は台南生まれ、台南育ちの36歳の周栄棠《チョウロンタン》さん。ニックネームは阿勇《アーヨン》だ。

宴席料理を任される總舗師《ゾンポーサイ》として働いていた阿勇は骨董や古民家にも興味を持ち、いつか自分の店を構えたい夢を持っていた。

建物は柱一つない大きな空間で、セメントがまだない時代、安平《アンピン》地区で盛んに作られていた牡蠣《かき》殻灰を主材料として、一つ一つ手で焼

完全予約制の古民家レストラン「筑馨居」。

き上げたレンガを丁寧に積み上げて作られている。一歩店内に踏み込めば、懐かしいブリキのおもちゃやレコード盤などが飾られていて、あっという間に昭和の時代にタイムスリップができる。

　料理にはこだわりがある。白河の蓮の実、サバヒー、西港のごま油など、台南各地の食材を厳選し、調理している。ご飯は、台南一おいしいと呼ばれている農家の崑濱《クンピン》伯《ポー》が作ったお米を使用し、台湾の老福杉でできたお櫃に入れて出す。どの料理も台湾の庶民が普段家庭で食べているほっこりとした味で、懐かしさを感じさせる。日本の肉じゃがや、おひたしのような、気取らない味だ。いわゆる中華式大皿料理で、みんなで取り分けて食べるので、多人数で食べに行くのがおすすめだ。

　台湾人はお正月や節句のたびに故郷に戻り、一族が集まってご飯を食べる習慣がある。

「歓迎回家吃飯《ホワンインホイチアチーファン》（家に帰ってごはんを食べよう）」

「筑馨居」はそんな気持ちで訪れることのできる店だ。

　もう一軒は「阿霞飯店」だ。紅《ホン》蟳米糕《シュンミーカオ》（カニおこわ）で有名な店で、事前予約が望ましい。カニが好物なので、楽しみにして訪れた。カラスミ、腸詰め、空心菜など一通り食べ、いよいよカニおこわが登場した。ふんわりと漂ってくるもち米の匂いが香ばしい。分厚い椎茸を一口食べ、カニを口に運ぶ。確かにおいしい。だけれども、絶対に食べるべきかと聞かれれば、正直そこまでとは思わない。

　せっかくのカニ味噌と卵が、蒸し過ぎなのか、硬くなり過ぎていた。やや半熟が好きな私としては、素材の美味しさが半減しているように思えた。そういえば、台湾で海鮮料理屋に行ってカニを注文すると、いつも十分すぎるほど蒸されたものが出てくる。生ものを食べる習慣のなかった台湾の食習慣もあるのだろう。味噌や卵の部分をねっとりと半熟状態で食べたいと思うのは、日本人ゆえの欲求かもしれない。

「阿霞飯店」のカニおこわ。おいしいけれど蒸し過ぎがちょっと残念！

おもてなし上手な阿勇（下）に、料理の匂いと笑い声が溢れる店内（上左）。

「黎巴嫩玫瑰25號茶店」の陽気な店主・阿BONさん。

22 集品蝦仁飯《チーピンシアレンファン》
台南市中西区海安路1段107号 ☎ 06-2263929
営 9:30～21:00（売り切れ次第終了、20:00以前入店が望ましい）
休 不定休

23 筑馨居《チューシンチュイ》
台南市中西区信義街69号 ☎ 06-2218890
営 11:00～14:30/18:00～21:00
休 無休
http://www.facebook.com/筑馨居-408529669303867/

24 阿霞飯店《アーシアファンティエン》
台南市中西区忠義路2段84巷7号 ☎ 06-2256789
営 11:00～14:30/17:00～21:00（20:10までに入店）
休 月曜日
http://www.a-sha.tw/restaurant/restaurant.htm

カフェの穴場

台南には、居心地のよい、穴場的なカフェがやたらに多い、というのが私の結論である。しかもどの店もオシャレなのである。内装や設計などの完成度は、東京の青山や代官山、表参道に点在するカフェよりも高いぐらいだ。

例えば、信義街《シンイーチェ》にひっそりとたたずむ完全セルフ式カフェ「黎巴嫩玫瑰25號茶店」。店主がこだわってブレンドしたオリジナルのハーブティーが並び、それぞれの効能が書いてある。店内にはひとりも店員がいない。気に入ったマグカップを手に取り、気分に合った茶葉を選んでお湯を注ぎ、お代は備え付けの箱に入れればいい。

豊富なメニューのカフェ「窄門咖啡」。入るときはカニさん歩きでどうぞ。

気持ちのいいオープンテラスもあるカフェ「B.B.ART」。

台南の国宝級カメラマン・許淵富さんの旧宅を改装したカフェ「FILM」。モノクロ写真を眺めながらブランチを。

すぐ隣のお店では、手作りのクッキーも販売している。甘さ控えめの上品な本格クッキーはお茶請けにぴったり。

どちらも経営者は、みんなから阿BONと呼ばれている台南出身の陳 璨鉉《チェンツェンホン》さん。陳さんは、20年以上も前から飲食店を開いていて、

25 黎巴嫩玫瑰 25 號茶 店《リーパーネンメイコイアルシーウーハオチャーティエン》
台南市中西区信義街25号 ☎ 0963-816186
㊖ 11:00 ~ 18:00 ㊡ 不定休

26 窄 門咖 啡《チャイ メンカー フェイ》
台南市中西区南門路 67 号 2F ☎06-2110508
㊖ 平日 11:00 ~ 23:00/ 祝日 10:30 ~ 23:30
http://blog.xuite.net/narrowdoor/blog

27 B.B. ART
台南市中西区民権路 2 段48号 ☎ 06-2233538
㊖ 火曜 ~ 土曜 11:30 ~ 21:00 (20:00 までの入店) /
日曜 11:30 ~ 19:00
㊡ 月曜日

28 FILM
台南市中西区民権路 2 段64巷6号 ☎06-2225426
㊖ 8:00 ~ 16:00 (ブランチは 15:00 まで)
㊡ 無休

台南の飲食業界ではよく知られた人だという。自分がお店に縛られたくないという思いで開いたカフェは、気取らずにふらっと自宅感覚で訪れることができて、私の隠れ家として重宝している。

　孔子廟の向かいにある「窄門咖啡」も雰囲気が良い。窄門とは狭い門という意味で、ビルの谷間を抜けてお店に辿りつくには、横向きになってカニさん歩きをするほど細い小道を進んでいく。メニューの種類が多く、ちょっと珍しいチベットのバター茶や台湾の客家の伝統茶「擂茶」もある。

　アートカフェの「B.B.ART」も、芸術に興味がなくても、見学は無料なので入ってみてほしい。

　かつては台湾南部初の百貨店として有名な「ハヤシ百貨」と並んで「第二百貨」と呼ばれていた建物だ。使われなくなり、長い間放置されていた建物を改装し作り出した空間は、奥行きがある贅沢なアートスペースとなっている。芸術家の作品を常設し、販売している以外に、ときに舞台や舞踊などのイベントも行なう。

　2階のカフェスペースはほとんど人がいないので、一人で座ってコーヒーを飲みながらのんびりできる。私のお気に入りのお店だ。

　B.B.ARTのすぐ裏には、カフェ「FILM」がある。

　80歳を超え、台南で「国宝級」と呼ばれている有名なカメラマン許淵富《シュィユワンフー》さんの旧宅を改装し、ブランチだけを提供している。

　スクランブルエッグ、目玉焼き、エッグベネディクト、フルーツサラダの4種類には有機野菜のサラダとイタリア直輸入のオリーブオイルを使う。自家製の豆乳もあり、許さんが撮った白黒写真を鑑賞しながらゆっくり食べるのがいい。

安平食べ歩き

　台南市の中心部を少し離れ、郊外にある「安平」という地域で台南グルメをのんびり楽しむ日があっても良い。

　台湾の開拓は安平から始まった。だから全台湾で安平が一番古い街だ。台南市街よりも少し歩く範囲

が広くなるので、できれば現地で原付きバイクを借りるか、タクシー移動を勧めたい。体力に余裕がある人ならば、安平で自転車を借りて走らせても気持ちがよい。

私は少し早起きをして原付きバイクで出掛けることが多い。市街地から安平に向う途中の台南運河沿いにある「周氏蝦捲」は外せない。朝10時から開いているので、朝食をここで取ることもできる。

周氏蝦捲は名前の通り、周という名前の人が始めた台湾海老フライ「蝦捲」で有名なお店だ。約50年前、小さな路面店から始まったお店だが、今では3階建ての立派なビルを建て、観光バスが横付けし、夜まで行列が絶えない台南を代表するお店となった。

蝦捲のほかにも、白北浮水魚《パイペイフーショイユイ》羹《コン》や肉燥擔仔麵《ロウツァオタンツーミエン》、カラスミなど台南特有のメニューが一通り揃っているので、時間のないときには、ここ1軒で台南の小吃体験を済ませる荒技も可能だ。

通常、私が注文するのはお店の代名詞でもある蝦捲だけだ。豚の横隔膜で蝦のすり身や豚ミンチ、ネギを包んで油でからっと揚げる。揚げ物が苦手な私だが、一皿に乗った2本では足りないと感じてしまうほど美味しい。

周氏蝦捲の前の安平路をさらに西へ進むと、安平の中心地・延《イエン》平老街《ピンラオチエ》にたどりつく。この一帯は昼前から観光客で一杯になり、特に土日は終日身動きできないほどの人出となる。

延平老街は17世紀に台湾で最初にできた商店街で、「開台第一街《カイタイティーイーチエ》（台湾最初の商店街）」と呼ばれていた。1995年政府の決定で老朽化した元の延平老街は解体され、道幅が広くなった。歴史ある建造物を壊すことに対し、住民たちの大きな反対運動が起きたが、再開発はそのまま推し進められた。現在も賛否両論がくすぶっている。

安平には、オランダ人が造った「安平古堡《アンピングーパオ》（ゼーランディア城）」や日本統治時代の製塩会社の宿舎であった「台鹽日式宿舍《タイイエンリーシースーショー》」、海の神様「媽祖《マーツー》」を祭った台湾一古い廟「安平開台天后宮《アンピンカイタイティエンホウコン》」、牡蠣殻を焼いて粉末状にする窯が展示されている「安平蚵灰窯文化館《アンピンコーホイヤオウェンホワコワン》」、海防を目的とした砲台が並んでいる「億載金城《イーツァイチンチョン》」、元イギリス商人の倉庫「安平樹屋《アンピンシューウー》」など各種の観光施設もある。

休日にはお祭りのときのように多くの屋台が出る。特に台南らしさを求めないなら、見て歩くには楽しいが、味はどれも特別なとこ

豚の横隔膜にエビのすり身や豚ミンチ、ネギなどを包んで油で揚げた蝦捲で有名な「周氏蝦捲」。他にも台南料理が揃っている。

こちらは日本統治時代の製塩会社の宿舎だった台鹽日式宿舍。

植民地時代にオランダ人がつくったゼーランディア城など安平には歴史的建物が多い。

ろはない。おすすめできるのは、ゼーランディア城前にある牡蠣オムレツ「蚵仔煎」のお店「古堡蚵仔煎」ぐらいだろうか。40年以上前からこの場所で牡蠣オムレツを売り続けてきた老舗だ。台北などで食べる牡蠣オムレツを想像したら困る。通常の1・5倍の大きさがあり、牡蠣ともやしがふんだんに入っている。牡蠣スープも美味しく、是非一緒に頼んでほしい。

巨大なガジュマルから垂れ下がる気根が廃屋を埋め尽くす「安平樹屋」は圧観。

「古堡蚵仔煎」は牡蠣オムレツのお店。牡蠣ともやしタップリでボリュームあり。

29 **周氏蝦捲《チョウシーシアチュワン》（總店）**
台南市安平区安平路408号-1 ☎ 06-2801304
㊚ 10:00～22:00
㊡ 無休
http://www.chous.com.tw

30 **古堡蚵仔煎《クーパオオーアーチエン》**
台南市安平区效忠街85号 ☎06-2285358
㊚ 9:00～19:00
㊡ 水曜日

かつて海防を目的とした砲台が設置されていた億載金城も観光スポットの古跡。

懐かしくてほっこりなスイーツたち

台南のスイーツはしぶい。

　というのも、歴史ある古い街なので、ケーキやパフェのような西洋菓子よりも、伝統的な中華菓子を作り続けているお店が多く、味も見た目も地味だからだ。

「砂糖の消費量でその国の文明度がわかる」

　こんなことを以前どこかで読んだことがある。まだ人工甘味料もなく、砂糖が貴重な時代、甘いお菓子は贅沢品とされ、一般に広がる前には、冠婚葬祭や神様へのお供えものが中心だった。


　廟の多い台南では、落雁のような糕餅《カオピン》、お饅頭のような麵皮紅《ミエンピーホン》桃《タオ》、月餅《ユエピン》など、伝統的なタイプの菓子店が多く、外注が中心なので、店内はガランとしていて拍子抜けする。

　観光名所の赤崁樓と成功路《チョンコンルー》を挟んだ北側にある「舊來發餅舖」は、廟にお供えするお菓子作りを130年以上続けてきた老舗だ。お供えに使われるお菓子は羊や豚を象《かたど》ったものが多く、愛くるしい。

17世紀にオランダ人が建造し「プロヴィンティア城」と呼んでいた赤崁樓。

赤崁樓の北側、「舊來發餅舖」は130年以上続くお供えお菓子の老舗。

こちらは赤崁樓南側の「舊永瑞珍囍餅」。引き出物お菓子の老舗。

たくさんあるお菓子の中で、九州の一口香《いっこうこう》に似た「黒糖香餅《ヘイタンシアンピン》」が一押しだ。カルメラ焼きを思わせるほのかな甘味が上品でたまらない。割れないように気をつけて持ち歩くのがポイントだ。

　赤崁樓の南側には舊來發餅舗と同じ100年以上の歴史を持つ「舊永瑞珍囍餅」がある。こちらは結婚式の引き出物に使われ、「喜餅《シーピン》」と呼ばれるホールの月餅のようなお菓子で有名なお店だが、パイナップルケーキや月餅などもばら売りしている。

台湾風マカロンなど洋風菓子の「新裕珍餅舗」。

民権路《ミンチュワンルー》にある「新裕珍餅舗」は前出の二つのお店と違い、沖縄のサーターアンダギーに似た揚げドーナッツや「馬卡龍《マーカーロン》（台湾風マカロン）」など、洋風を取り入れたお菓子が中心で、こちらも自分で好きな個数だけ袋に入れて買うことができる。

　リッチなバターやクリームが好きな人には何かもの足りないように思えるが、昔のお菓子を思い出さずにはいられない素朴な味だ。

路地裏にある「連得堂餅家」は小さいながら人気のお店。

　北側のやや街外れにある「連得堂餅家」は路地裏にある小さなお店。ちょっと見つけにくいけれども、たいてい店の前に人だかりができている。

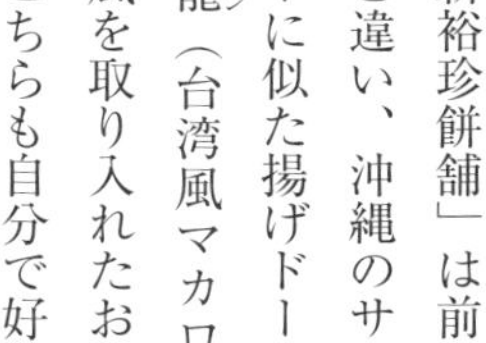

「連得堂餅家」の手焼き鶏蛋煎餅（左）・味噌煎餅（右）。

　年季の入った専用の焼き機で、一枚一枚完全手焼きの煎餅を作っている。煎餅といってもお米を原料とした日本のお煎餅とは違う。小麦粉を原料とした瓦煎餅に似ている。名物の鶏蛋煎餅《チータンチエンピン》はあまりの人気で一人限定2袋しか買うことができない。かなり硬く、歯がしっかりしている人向きだ。もう少し柔らかいのが味噌煎餅《ウェイチョンチエンピン》。かみ砕けばほのかな味噌の香りが口の中に広がり、ついつい食べ過ぎてしまう。

冰鄉の「八宝豆花」。大量の具材で豆花が見えない。

伝統的なお菓子を食べるとちょっと口の中がパサパサする。それが苦手だという人にはかき氷がお勧めだ。特に真夏の台南で食べれば身も心もリフレッシュできる。

台南のかき氷は「フルーツ系」と「八宝系」の2種類に大きく分けられ、フルーツ系は「水果《ショイクオ》店《ティエン》（フルーツ屋）」に立ち寄れば、フレッシュなフルーツをふんだんに使ったかき氷に出会える。

台南のフルーツと言えばマンゴーだ。一押しは民生路《ミンションルー》にある「冰鄉」。他のフルーツ屋に比べると地味な店構えだけれども、とにかく安くて美味しいマンゴーかき氷が食べられる。

店主が旬のマンゴーをチョイスし、氷の上に剝き立てをこれでもかと載せてくれる。ある程度食べたら、かき氷についてくる100%マンゴージュースをかけてスムージーとして楽しむ。たった70元（約240円）で二つの味を堪能できるのはここだけだ。

「裕成水果」のマンゴーかき氷は食べごたえあり！

冰鄉は豆乳を固めたデザート「豆花《トウホワ》」でも有名。ここの豆花は手作りのほどよい固さがあり、私が台南で選ぶ豆花トップ3に入れてもいい。

冰鄉の近くにある「裕成水果」のマンゴーかき氷は170元（約580円）と値段はダントツに高いが、マンゴーアイスや練乳がたっぷりとのっていて、食べ応えがある。量が多いので2〜3人で食べられるから逆にお得かもしれないが、行列は避けられない。

パパイヤミルクの「俗俗賣木瓜牛乳」。

「謝家八寶冰」の名物は脆圓（粉角）トッピングの八宝氷。クセになる味。

フルーツ屋ではないが、店先にパパイヤがずらっと並んでいる「俗俗賣木瓜牛乳」というジューススタンドが国華街にある。ここの「木瓜牛乳（パパイヤミルク）」が恐ろしいほど美味しい。頑固そうなおじいさんが氷や水を一切入れないで作り出す木瓜牛乳はフレッシュかつ濃厚で、パパイヤ好きにはたまらない。

八宝系のかき氷は、氷の上に落花生、緑豆、小豆、杏仁豆腐、仙草ゼリーなど10種類以上のトッピングから好きなものを載せ、シロップをかけて食べる。昭和の日本で食べたかき氷の味が思い出され、氷そのものの美味しさが口の中に広がる。

石精臼市場内にある「謝家八寶冰」の名物は地瓜粉に片栗粉を混ぜ合わせて作った「脆圓《ツォイユアン》（粉角）」だ。半透明でグミのようなモチモチとした食感がクセになる。

こちらも八宝氷の名店「江水號」。運がよければ3代目の白玉作りが見られる。

八宝系の名店はもう一つある。西門市場内にある「江水號」だ。店先には毎日時間をかけてじっくりと煮込んだ小豆や緑豆が大きなお皿に盛られている。運が良ければ、3代目の店主が店先に小さな腰掛けを出し、手でひとちぎりずつ白玉を沸

珍しい香蕉油清冰が食べられる「泰山冰店」。不思議な味わいをぜひ！

騰したお湯の中に入れている姿を見られるかもしれない。

江水號のすぐ先に、「泰山冰店」もある。同じく手作りのトッピングが店先に並んでいるが、ここでは珍しいバナナ味のシロップをかけたかき氷の「香蕉油清冰」が食べられる。お店の人によると、果物がぜいたく品だった時代、このシロップを氷にかけて食べていたという。バナナの味と思って食べるとかなりギャップがある。香蕉油は透明な液体で、確かにバナナ味はするけれども、口に入れるとスーッとした感じがあり、そのあとに油のような味もする摩訶不思議なものだった。正直、おいしいとは思えないが、台湾人にとって

豆花のイチオシ店は「無名豆花」。
おかわり必至のおいしさ。

31 舊來發餅舖《チウライファーピンプー》
台南市北区自強街 15 号 ☎06-2258663
営 8:30 ~ 21:30 休 不定休
http://twglf.com

32 舊永瑞珍囍餅《チウヨンロイチェンシーピン》
台南市中西区永福路 2 段 181 号
☎ 06-2223716 / 06-2249330
営 7:30 ~ 21:00 休 無休
http://jp062223716.tw.tranews.com

33 新裕珍餅舖《シンユイチェンピンプー》
台南市中西区民権路 2 段60号 ☎06-2220420
営 9:00 ~ 19:00 休 月曜日

34 連得堂餅家《リェントータンピンチア》
台南市北区崇安街 54 号
☎ 06-2258429 / 06-2286761
営 平日 8:00 ~ 20:00/ 休日 8:00 ~ 18:00
休 無休

35 冰鄉《ピンシアン》
台南市中西区民生路 1 段160号 ☎ 06-2234427
営 12:00 ~ 21:00 休 不定休

36 裕成水果《ユイチョンショイクオ》
台南市中西区民生路 1 段 122 号
☎ 06-2296196
営 12:00 ~ 2:00 休 不定休

37 俗俗賣木瓜牛乳《スースーマイムーコワニウナイ》
台南市中西区国華街 3 段 61 号
（民生路 2 段 & 国華街 3 段の交差点）☎なし
営 月 ~ 土 10:00 ~ 20:00/ 日 10:00 ~ 17:00

38 謝家八寶冰《シエチアパーパオピン》
台南市中西区民族路 2 段238号 ☎なし
営 19:00 ~ 00:00 (22:00 くらいまでで無くなる場合が多い)

39 江水號《チアンショイハオ》
台南市中西区国華街 3 段16巷13号 ☎ 06-2258494
営 12:00 ~ 21:00 休 火曜日

40 泰山冰店《タイシャンピンティエン》
台南市中西区国華街 3 段 18 号 ☎ 06-2286019
営 10:30 ~ 18:30 休 不定休

41 無名豆花《ウーミントウホワ》
台南市北区北忠街176号 ☎ 06-2241474
営 9:00 ~ 18:30 休 火曜日

の「懐かしの味」を試してみるのもいいかもしれない。

台湾を代表するスイーツと言えば豆花。たかが豆花されど豆花で、食べ比べれば店によって豆花の固さ、滑らかさ、味などすべてが微妙に違うので、自分のベスト1を探し求めるのもいい。

お豆腐に限りなく近い食感のものもあれば、プリンのようにつるんとしたものや、しっかりとした食感の寒天に近いものもある。

台南では、連得堂餅家のすぐ近くにある「無名豆花」が私の一番だ。メニューはいさぎよく豆花のみ。手作りの豆花を自宅の前の小さなスペースで売っているので、お店というよりも、ただの民家の軒先のくつろぎスペースのようにも思える。赤いお碗に入った豆花を口に運べば、まさにフワトロで舌の上で溶けてしまいそうなほど柔らかく、行く度に3回はお代わりしてしまう。

安平には「茂記安平黒豆花大王」と「同記安平豆花」の2軒の有名な豆花のお店がある。隣接しているにもかかわらず、両店ともいつも賑わっている。茂記安平黒豆花大王は黒豆の「黒豆花」が有名で、付け合わせに黒豆と黒豆茶のサービスがある。同記安平豆

安平の豆花店「茂記安平黒豆花大王」。黒豆花が有名。

こちらも安平の「同記安平豆花」。メニューが豊富。

２軒の豆花店向かいにある「福記水煎包」も併せてどうぞ。

42 **茂記安平黒豆花大王《マオチーアンピンヘイトウホワターワン》**
台南市安平区安北路 441 号
☎ 06-3911373
営 9:00 ~ 22:00
http://www.mao-s.com.tw

43 **同記安平豆花《トンチーアンピントウホワ》（本店）**
台南市安平区安北路433号
☎06-3915385
営 8:00 ~ 23:00 休 無休
http://www.tongji.com.tw

44 **福記水煎包《フーチーショイチエンパオ》**
台南市安平区安北路400号
☎06- 3914179
営 9:20 ~ 19:00
休 不定休で月 2 回

花の方は店内が広く、甘く味つけした氷を使った「雪《シュエ》花《ホワ》冰《ピン》」などもあり、メニューが豊富なので色々と楽しみたい人向きだろう。

スイーツではないが、是非この2軒の豆花店の向いにある「福記水煎包」を食べて欲しい。1個10元（約34円）でテイクアウトのみだが、キャベツとお肉がぎっしりと詰まった水煎包はジューシーで驚くほど美味しい。

ちなみに私にとっての、安平でベストの豆花は「周氏豆花」だ。ここの「黒《ヘイ》糖《タン》鮮《シエン》乳《ナイ》豆《トウ》花《ホワ》（黒糖牛乳豆花）」の温かいものはなんとも言えない優しい味で、夜のちょっと冷え込んだ時分に食べると、そのままお布団に入ってしまいたいくらいほんわかな気持ちになってしまう。

安平のダントツおすすめは「周氏豆花」の黒糖牛乳豆花。

台南にきたけれども、やっぱり洋風スイーツが食べたいという人はワッフルを試してみるのもいい。日本で大流行中のパンケーキはまだ少なく、ワッフルが各地で大人気で、どこで食べても外れがない。ちなみに、ワッフルは「鬆餅《ソンピン》」と書く。

正《チョン》興《シン》街《チエ》にある「IORI TEA HOUSE」は昭和モダンを再現した店内で、落ち着いた照明の下、紅茶とワッフルを楽しめる。台湾人は日本人よりもコーヒー好きだ。カフェはどこもコーヒー中心だけれども、ここは紅茶しかないので、紅茶派の私には嬉しい。

正興街の昭和モダンな「IORI TEA HOUSE」。
フルーツワッフルがおススメ。

注文してから焼き上げるワッフルは表面がかりっとしていながらなかはしっとりとしていてかなり本格的。向いにある「泰成水果店」と提携しているので、新鮮な季節のフルーツをぜいたくに飾ったフルーツワッフルもお勧めだ。

ほかにも1日限定10食の特製プリンや濃厚な紅茶アイスも美味しい。

お隣の「正興咖啡館」は台南の有名な建築家・劉國滄《リウクオツァン》さんが手がけたカフェ。ワッフルはないけれども、古民家を改造した店内全体がアートになっており、サイフォンで抽出したコーヒーを飲みながら、サンドイッチを頬張り、優雅なブランチを楽しめる。

正興街には大人気のソフトクリーム屋の「蜷尾家甘味処」（80頁参照）、クレープ屋、ロールケーキ屋など女

「泰成水果店」（右）と「正興咖啡館」（左）。

子ならいくらでも食べられるスイーツが密集している。

正興街で大人気の「蜷尾家甘味処」はソフトクリーム屋さん。

康楽街を歩いていると突如真っ白な外観のカフェ「一緒二」が現れる。ここのワッフルもなかなか素晴らしい。ベリーワッフルにはお店手作りのラズベリ

白い外観が目立つ康楽街の「一緒二」。

ー、ブルーベリー、ストロベリーのジャムが添えられ、どれから口に運ぶか迷ってしまう。ほかにも有機栽培のコーヒーや花茶があるので、お茶だけでも楽しめる。カフェスペースの後ろは民宿となっているので、お店の雰囲気が気に入れば泊まることもできる。

日本人にとっても台湾人にとってもなじみ深いスイーツと言えばお汁粉だ。

大可と一緒に167日間かけて台湾を一周した三輪車。

ほっこりできる信義街のお汁粉屋「慕紅豆」は、メニューが氷の上に小豆をのせたものとサツマイモを入れた温かいお汁粉の2種類のみ。午後2時からの開店で、あっという間に売り切れてしまう人気店。おいしさの秘密は薪を使い、じっくりと煮込んだ小豆にある。

店主の唐文正《タンウェンチョン》さん（通称・大《ダー》可《コー》）はコンピューター技師だったが、2011年に仕事を辞め、お汁粉屋さんに転身した。小さい頃、お父さんがお汁粉を煮て、子供たちに食べさせていたことを思いだし、心が温かくなった感動を次の世代に引き継ぎたいと思ったのだ。

2013年には、お汁粉を作れる特製のボックス付き三輪車で台湾を一周し、無料で各地の人々にお汁粉を配り歩いた。

お店を訪れれば、大可のとびきりの笑顔とお汁粉に癒されることは間違いない。

アーモンド茶を出す保安路の「阿卿傳統飲品・冰品」。

台南の飲み物もしぶくて体にいいものが多い。

美味しい小吃店が多く集まる保安路には、アーモンド（杏仁《アンニン》）茶を出す店「阿卿傳統飲品・冰品」がある。ここでは毎日お店で挽いた杏仁粉を使った杏仁茶を作っている。

私はあまり杏仁が得意ではないが、ここの杏仁茶はごくごくと飲

100年以上続く冬瓜茶の老舗「義豐阿川冬瓜茶」。台南のローカルドリンクは体にGood！

めてしまう。帰りにお土産として1本買って帰ったくらいだ。

杏仁は喉によく、便秘を解消し、美肌効果があるといわれている。店内では油條や焼餅など台湾の伝統的な朝食も売っている。

赤崁樓近くにある「義豊阿川冬瓜茶」は冬瓜を入れて煮込んだ冬瓜茶の名店で、100年以上の歴史を持つ。冬瓜茶には利尿作用と腎臓を綺麗にする作用があるので、暑い夏や旅の疲れでお肌が荒れているときにぴったりだ。

45 周氏豆花《チョウシートウホワ》
台南市安平区安平路 137 号（安平観音亭向い）
☎ 06-2238773
㊐ 10:00 ~ 21:00
http://062238773.tw.tranews.com

46 IORI TEA HOUSE
台南市中西区国華街 3 段47号 ☎ 06-2216371
㊐ 月 ~ 土 14:00 ~ 22:00/ 日 13:00 ~ 21:00
㊡ 水曜日
https://ja-jp.facebook.com/IORIteahouse

47 泰成水果店《タイチョンショイクオティエン》
台南市中西区正興街80号 ☎ 06-2281794
㊐ 14:00 ~ 2:00
㊡ 不定休

48 正興咖啡館《チョンシンカーフェイコワン》
台南市中西区国華街 3 段43号 ☎ 06-2216138
㊐ 9:00 ~ 21:00
㊡ なし
https://www.facebook.com/zx.cafe

49 蜷尾家甘味処《チュワンウェイチアカンウェイ チュー》
台南市中西区正興街92号 ☎なし
㊐ 平日 14:00 ~ 21:00/ 土日祝祭日 11:00 ~ 21:00
㊡ 火曜日、水曜日

50 一緒二《イーシュイアル》
台南市中西区康楽街 160 号 ☎ 06-2216813
㊐ 9:00 ~ 18:00
㊡ 火曜日

51 慕紅豆《ムーホントウ》
台南市中西区民族路 3 段 148 巷 35 号 ☎ 0927-276819
㊐ 14:00 ~ 18:00
㊡ 水曜日

52 阿卿 傳 統飲品《アーチンチョワントンインピン》・冰品《ピンピン》
台南市中西区保安路 82 号 ☎06- 2262799
㊐ 14:00 ~ 23:00

53 義豐阿川冬瓜茶《イーフォンアーチョワントンコワチャー》
台南市中西区永福路 2 段 216 号 ☎ 06-2223779
㊐ 9:00 ~ 22:00
㊡ 無休

台南はフルーツパラダイス！

フルーツは私にとって特別な意味を持っている食べ物だ。

家にフルーツがないと不安になる。食事のあとのフルーツは当たり前。小腹が空いたときも食べ、主食になることもある。

皮を剝くのが面倒だと言ってフルーツを敬遠する人も多いが、その気持ちがわからない。柑橘類のふくろ剝きは大の得意。いかに綺麗にふくろから実を取りだすかに夢中になり、一度始めたら止まらなくなる。旬が短いプラムやイチジクは大量に買い込んで冷凍にしたり、ジャムを作ったりして一年中楽しんでいる。

フルーツ依存症にかかっている理由は、私の子供時代の食生活と関係している。

台湾で育ったので、フルーツがとにかく身近だった。日本人にとってのフルーツが「リンゴ、バナナ、ブドウ」だったころ、バナナは水みたいなもので、マンゴーやライチ、ビワなど日本の「高級品」を普通に食べまくっていた。

そんな私にとって、美味しいフルーツが一年中安く食べられる台南は天国のようなところで、台南にはまった理由の一つは紛れもなくフルーツの豊富さにある。

台南のフルーツ屋はフルーツを売っているだけでなく、その場でカットしたりジュースにしたりしてくれる。あまたのフルーツ屋のなかで、孔子廟のすぐそばという絶好の立地にある「莉莉水果店」は1947年創業の老舗だ。

店内は絶えずお客さんで賑わっている。観光客相手の店だという声もあるが、フルーツの種類の多さは驚くほどで、値段も良心的。

50年以上続くフルーツ店「莉莉水果店」。孔子廟も近く、いつも賑わっている。

好きなフルーツを選ぶと、その場でカットフルーツにしてくれる（左）。「蕃茄切盤」はカットしたトマトに、「醬油膏」という醬油ダレを付ける独特のもの（右上）。

莉莉水果店《リーリーショイクオティエン》

台南市中西区府前路１段199号
☎ 06-2137522
㊒ 11:00～23:00
http://www.lilyfruit.com.tw

フルーツ本来の美味しさを味わうには、カットフルーツを注文するのがベストだが、ジュースやかき氷、豆花、アイスなど、オリジナルメニューも捨て難い。

旬のフルーツをあれこれみつくろって切ってくれるカットフルーツを注文した。お皿の上には、パパイヤ、キウイ、メロン、棗《なつめ》、マンゴー、スイカ、スターフルーツなどが載っていた。どれもみずみずしく、甘くて美味しい。

日本では、千疋屋や資生堂パーラー、ハヤシフルーツなどのお店に超高級フルーツが仰々しく並べられ、併設のカフェでは目が飛び出るような値段でジュースが売られている。行ったことはないけれど、キャバクラやスナックでも、フルーツ盛り合わせと言えば、注文するとホステスさんが大喜びするイメージだろう。駅のジューススタンドも決して安くない。

台南では、ちょっと小腹が空いたとき、ケーキやコーヒーではなくフルーツが手軽に食べられる。フルーツがとても身近な食文化が羨ましい。

台南のフルーツ屋は営業時間にも特徴がある。たいてい昼過ぎに開店し、深夜まで開いている。朝から昼にかけては市場でフルーツを売り、午後から自分のお店で商売をする人が多いからだろう。一年を通して温暖湿潤な気候なので、夕食後の散歩などにフルーツを食べたくなるからかもしれない。

夕食後のフルーツ屋には、つっかけに短パンのオヤジやバイクに乗ってくる常連のご夫婦など、「ご近所さん」という風貌の人が多い。「いつもの」と注文し、店主と会話を楽しんでいる。

「いつもの」でいちばんよく注文されているのは、トマトをスライスしただけの「蕃茄切盤《ファンチエチエパン》」だ。台湾ではトマトは果物に分類されている。「醬油膏《チアンユーカオ》」と呼ばれるどろっとした甘いお醬油に、すりおろし生姜と甘草をまぶした特別なタレをつける。初めて食べたときは不味いと思い、結局タレを残してしまったが、2回目になると馴れ始め、3回目からはこのタレがないと物足りなくなった。

　このトマトの食べ方、いつ誰がどのようにして発明したのかわからないけれども、台南人は口々に「おばあちゃんがおやつに家で出してくれた味」だと言う。

　食べるだけでは飽き足らず、台南のフルーツの産地巡りをやってみることにした。タクシーを借り切って、一日がかりで回った。産地はたいてい台南市内から少し外れた場所にある。

　最初は文旦《ボンタン》の産地・麻豆《マートウ》に向かった。文旦というよりもザボンのほうが聞き慣れている名前だ。台湾にいた幼い頃、神様へのお供え物でいつも見かけた。

　麻豆には、台南市の都市部からだいたい45分ほどで着く。この地で採れる文旦は「麻豆文旦」と呼ばれ、甘くて美味しく、全国的なブランドとして知られている。

　なかでも陳哲雄《チェンチョーシュン》さんという農家が経営する「陳老師文旦園《チェンラオシーウェンタンユワン》」の文旦は、収穫の1年前から予約で完売してしまうほどの大人気。

　18世紀に福建省から台湾に渡ってきた文旦だが、台南の麻豆で栽培されるものが特に美味しいと評判になった。その麻豆での発祥地が、陳さんが経営する文旦園の一帯だったとされている。

　陳さんの農園はまさに文旦栽培の一等地。実の大きさに比べたら、支える木は思ったほど大きくない。いくつもの文旦が重たそうに枝にぶら下がっていた。

「とっておきの文旦だ」

　陳さんが文旦を一つ剝いてくれた。おばあちゃんのおっぱいのような小さくてシワシワな文旦だけれども、芳醇な果汁が口一杯に広がり、昔日本でよく食べていたボンタンアメの優しい味と重なった。

「おいしい文旦は、小ぶりで皮にシワがあって、重みがある」

　陳さんはそう言いながら、お土産に小ぶりだが、ずっしり重たい文旦をいくつも持たせてくれた。

　次は、麻豆からそれほど離れていない官田《コワンティエン》という町に向かった。官田は総統だった陳水扁《チェンショイピエン》が生まれ育った場所として有名で、日本統治時代、八田与一（120頁参照）が建てた烏山頭ダムによって良質な水が供給され、菱の実の一大産地として発展した。

　菱の実というのは、何度見ても不思議な形をしている。子供の頃、デビルマンの顔に見えて、怖くて食べられない時期があった。けれども、いつからかほっこりとした美味しさにはまり、道端で売られている菱の実を見ると、「食べたい！」と母にねだった。

　九州の佐賀県などではよく見かけるそうだが、東京では珍しく、食感も似ている栗を食べると、菱の実を思い出す。

　菱の実の旬は9月から10月にかけてと短い。機械での収穫ができないため、この頃に官田を訪れれば、沿道に広がる菱畑には、半身を水に浸け、たらい片手に腰をかがめながら菱の実を収穫する農家の人たちを見かけるはずだ。

台南市街から車で45分ほどの麻豆は文旦の名産地。なかでも陳哲雄さん（下）の「陳老師文旦園」は予約で完売するほどの人気。

　官田から北に30分ほど車を走らせると、東山《トンシャン》という土地に着く。そこは「龍眼《りゅうがん》」の産地である。

　別名「桂圓《コイユワン》」とも呼ばれる「龍眼」は食べ過ぎると鼻血がでると言われるほど栄養価が高く、漢方にも使われる体にいいものだ。

官田は菱の実の一大産地。収穫期の9～10月には水を張った菱畑に浸かって作業をする様子が見られる(上)。子供の頃、菱の実の皮をむいたところがデビルマンみたいで怖かった。

ライチに似た白いゼリーのような果実だが、ライチよりは一回り小さく、酸味も少ない。日持ちしないので、生の龍眼は台北でもごく限られた期間しか出回らない。乾燥させ、黒くなったドライフルーツの干し龍眼を食べることが多い。

　干し龍眼を作るためには、5夜連続して薪を焚き続け、龍眼を乾燥させていく。長い時間をかけ、じっくりと乾燥させることで甘味が濃縮されるのだ。収穫期の8月には、龍眼農家は土窯の横で仮眠を取りながら、2時間おきに火を点検する生活を送る。

　龍眼農家の一軒を訪ねたが、手作業で一つ一つ果肉を取り出す作業がそこで行なわれていた。干し龍眼は生龍眼の3分の1の量にしかならない。そこでは、龍眼の花茶も作っていた。毎年近隣に販売する分だけでなくなってしまうくらい大好評だという。

　手にしたときから香ばしさを放つ干し龍眼は、これでもかというほど甘さが濃縮されており、金木犀に似た柔らかい香りの龍眼茶との相性も抜群だった。

　最後の訪問先は、台南フルーツの象徴とも言えるマンゴーの故郷、玉井《ユイチン》だ。

龍眼の産地・東山の龍眼乾燥小屋。5夜連続で薪を焚き続ける大変な作業が行われる。

乾燥させた龍眼の実。栄養価が高く、漢方にも用いられる。

玉井は、海側にある台南市街とは逆の山側にあり、阿里山山系のすそ野に位置する。

マンゴーの収穫期間中、玉井の中心に建つ市場「玉井區青果集《ユイチンチュイチンクオチー》貨場《フォチャン》」に台南産のマンゴーのほとんどが集まり、各地に出荷されていく。市場に一歩足を踏み入れると、むせかえるようなマンゴーの匂いにくらくらした。

巨大な市場内は見渡す限りカゴ盛りされたマンゴーの海。日本でもおなじみの「愛文（アップルマンゴー）」。赤紫色の「玉文」、緑色の「黒香」、赤い「紅竹」、黄色の「金煌」と色違いがあれば、大きさも違う。一口にマンゴーと言っても種類の多さに驚かされる。カゴ売りしかないので買うことを断念したが、市場でマンゴーかき氷が食べられる。なんといっても産地の採れたてがいちばんだ。台北の半値で倍のマンゴーが載ったかき氷は、何杯でもおかわりしたくなるほどの衝撃的な美味しさだった。

カゴ盛りマンゴーの横でマンゴーを剝いているおじさんがいた。ちょっと傷んでいるマンゴーばかりを集めていた。大きなポリバケツにスライスマンゴーを放りこんで大量の砂糖をふりかけたものを指差し、「砂糖漬けしてから干せばドライマンゴーの出来上がりさ」と教えてくれた。

今朝できたばかりというドライマンゴーを勧められ、口に入れた。太陽の光をいっぱい浴びた味はパンチが効いていて、歯に繊維が詰まった。まさに１００％手作り、無添加の最上級ドライマンゴーだ。

玉井地区の３分の２の土地は農耕地であり、その農耕地の３分の２でマンゴー栽培を行なっている。道路標識には「芒果的故郷《マンクオトークーシアン》（マンゴーの故郷）」という文字とマンゴーの絵が描かれ、道端にはマンゴーのオブジェが建っている。要するに玉井は、街中マンゴーだらけなのだ。

「玉井郷芒果産業文化資訊《ユイチンシアンマンクオチャンイエウェンホワツーシュン》館《コワン》（玉井マンゴー産業文化情報館）」がある建物の上にも、巨大な深紅のマンゴーのオブジェがあ

見渡す限りの採れたてマンゴーが並ぶ玉井の市場。

った。私の他に見学者はいなかったが、４階建ての建物全階でマンゴーの歴史や栽培条件などが展示され、マンゴー愛好者にはとても楽しめる。

　元々は南洋の果物だったマンゴーを、いまから４５０年ほど前、オランダ人が持ち込み、台南で栽培が始まった。日本統治時代には、台南の農家の副業として栽培が奨励され、マンゴー農家が増えた。その後は台湾人が懸命に品種改良に取り組み、おいしいマンゴーが次々と開発されている。最近では台湾が海外輸出しているフルーツの６割を占めるようになり、まさに台湾を代表するフルーツとして、日本でも親しまれている。

　フルーツには旬があるが、台南にいればほぼ一年を通し、台南産の様々な旬のフルーツを味わえるので、まさにフルーツ天国なのである。

市場の中で食べられるマンゴーかき氷は、台北の倍の量のマンゴーが載って値段は半分。

傷物のマンゴーはその場で皮をむいて大量の砂糖をかけ、ドライマンゴーに仕込まれる。

第二章
愛すべき台南の人々

私と台南を結ぶ歴史

2013年9月29日、台湾の地元紙に、いささか奇妙な私の写真が載った。生け贄として捧げられた牛の頭の毛を引き抜こうとする子供たちに混じり、必死に手を伸ばしている私のショットである。

人だかりの中の不鮮明な画像なので、これを私だと認識できるのは私だけかも知れない。そのときに抜いた牛の毛は、いま「戦利品」として私の手元にある。私がこれを手に入れたのは、中国で最も偉い神様である孔子をまつっている台南の孔子廟だ。

そして、この牛の毛には、私と台南をつなぐ「歴史」が込められている。

台南の中心地、南門路《ナンメンルー》にある孔子廟はその周囲をレンガ色の塀で囲まれ、街の中でもひときわ目立つランドマーク的な存在だ。台南で移動するとき、いつもこの孔子廟を起点として、距離や方向、時間を計算することが私の習慣になっている。

台南の孔子廟は1665年、鄭成功の息子・鄭經により建立された台湾最古の孔子廟であり、併設されている明倫堂は日本統治時代の台湾初の公学校でもあった。入り口には「全臺首學《チュワンタイショウシュエ》」（全台湾で最初の学校）という4文字の額が誇らしげに掲げられている。

毎年9月28日は孔子の生誕日として、世界各地の孔子廟で生誕祭が催される。どこも祭事の簡略化が進んでいるが、台南の孔子廟は、昔のままの伝統儀式をきっちりと今日まで守り続けていることで名前を世界に馳せている。生誕祭を見るために、私は数ヶ月前から見学予約を申し込んだ。当日は事前登録した人だけが、早朝5時から約1時間にわたって執り行われる儀式に参加することができる。

朝4時半に近くの宿を出発し、孔子廟へ向かった。夜明けまでにはまだ少し時間がある。暗闇の中、月明かりに照らされ、あちこちから人影が続々と集まってくる。

観光バスで乗り付けてくる一団に混じり、欧米人の姿もちらほら見かける。台北ではアジア圏以外の外国人観光客もたくさんいるが、台南ではまだまだ珍しい。それだけここの生誕祭は国際的にも知られているのだろう。今回は、孔子の生誕から2563周年を祝うもので、境内に響き渡った太鼓の音でおごそかに式典が始まった。

台湾最古の孔子廟では毎年9月28日に生誕祭が執り行われる。併設された明倫堂は台湾最初の公学校で、「全臺首學」の額が掲げられている。

主役の「孔子様」をお迎えするのはハンサム政治家として未来の総統とも噂される台南市長の頼清徳《ライチントー》さん。全身黒の礼服に身を包み、何度も献杯やお辞儀を繰り返す。

雅楽に合わせ、地元の忠義小学校の生徒による舞が披露される。「六佾舞《リウイーウー》」と呼ばれるもので、古代中国の雅楽の舞だ。

昔ながらの礼服と雅楽、伝統の舞など、生誕祭の見どころは多いが、私をいちばん興奮させたのは、本物の家畜を捧げた「生け贄」だった。私は子供のころから血が好きだ。血を見るとドキドキ興奮した記憶がある（だから本当は外科医になりたかったが、医大に入試で落ちたので、次に血を見ることができそうな歯科医になった）。もともとこの生誕祭では生け贄があることを聞いていたので、ひそかに、「バッサリ」とその場で動物の首が切り落とされるシーンを期待していたが、すでに殺処理を終えた牛と豚と羊が祭壇に置かれていたので少々がっかりした。

それでも、生け贄を形式だけで済ませる廟が多いなか、台南の孔子廟では、一頭ずつ当日の朝に処理して運んでくる。生け贄たちは木の台に縛り付けられ、孔子様へのお供え物として陳列される。豚や牛は台湾の市場などで見慣れた感があるせいか、目新しさは感じなかったが、毛を剃られ四肢を縛られた羊は痩せているせいか、どこか悲壮感が漂っていてかわいそうになった。

式典は約1時間で終了し、クライマックスは参列者による牛の毛抜きだ。

古代より、牛の頭と目の上の毛は「頭がよい」ことの象徴とされ、「智慧毛」と呼ばれてきた。頭がよくなりたい学生たちや我が子に頭がよくなって欲しい親たちは、この毛を抜くためにこの式典に参加している。

式典終了後、1000名以上の参列者が牛の毛を目指して殺到す

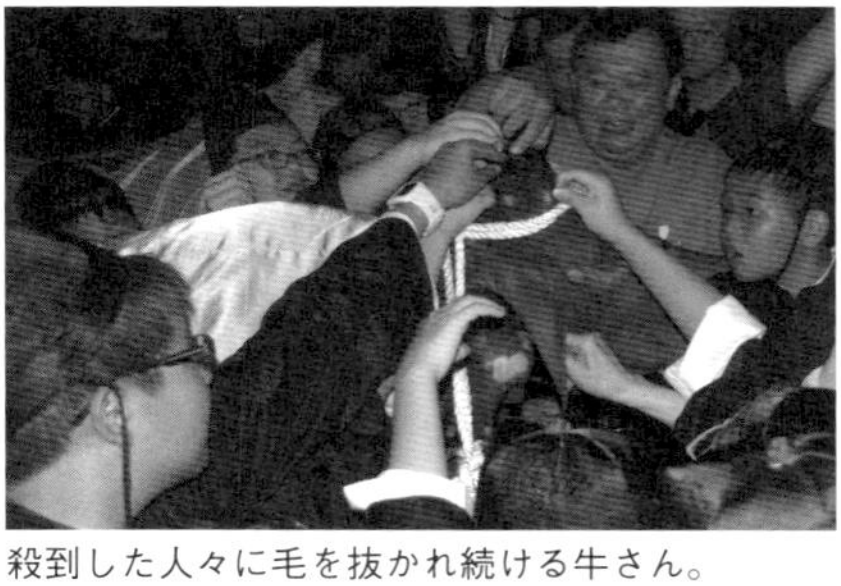

殺到した人々に毛を抜かれ続ける牛さん。

る。私もそこに加わり、牛の頭に手を伸ばした。一度に数十本の手が伸び、容赦なくプチプチと毛を抜かれていく牛さん。手にした牛の毛を見つめ、すっかり頭が良くなった気になり、単純に喜んでいる自分に笑ってしまった。私もちょっと台南人に近づいた気分だ。

台南の孔子廟は観光地としても有名だが、台南市民にとって緑豊かな憩いの場となっている。大きなガジュマルに桑、マンゴー、釈迦頭、龍眼などたくさんの果樹もあり、運が良ければ軽快に木々を渡り歩く台湾リスに会うこともできる。

憩いのスペースでは、お年寄りたちがカラオケで日本語の歌を歌っていたり、学生が楽しそうにダンスの練習や写真撮影をしたりしている風景に出会えることもある。

国家一級という史跡でありながら、一般市民の生活に溶け込んでいる孔子廟。街全体に歴史が融合している台南を象徴するような場所だ。

この孔子廟を別の日に見学したとき、案内してくれた台南市文化局の李清山《リーチンシャン》さんは私の父が台湾人であり、「顔」という姓だということを知ると、本殿の裏手に歩いて行き、おもむろに一つの位牌を指差した。

「ここにあなたのご先祖様がいるよ」

赤地に金色の字で「復聖顔子神位《フーションイエンツーシェンウェイ》」と刻まれた位牌。孔子の一番弟子・顔回のものだった。

私の父の姓は「顔」という。基隆という台湾北部の土地で、金鉱や炭鉱を経営し、台湾五大家族と言われた顔家の跡取りだった。学生時代は日本で教育を受け、身も心も「日本人」だったが、1945年の日本の敗戦で、泣く泣く台湾に戻ることになった。いろいろあって戦後も日本に渡り、日本人の母と出会って結婚し、私と妹が生まれた。父は早くにガンで亡くなったので、その後、私たちは母の姓の「一青《ひとと》」を名乗ったが、私も子供時代に台湾で暮らしていたころは「顔妙」と呼ばれていた。

顔姓のルーツを辿ると、春秋時代にまでさかのぼって顔回にたどり着くことは知っていた。実際のところ、本当かどうかは眉唾だが、台湾の人はたいていそうやって偉い先祖がいることを自慢にして生きている。

顔回の位牌。

紀元前521年生まれの顔回は弟子の中でもずば抜けて頭がよく、しかも人格者で、孔子の後継者として期待されていたが、41歳の若さで病死し、孔子はたいそう悲しんだ。

唐代屈指の忠臣であり、書家として有名な顔真卿も顔回を先祖としている。顔家は代々学問の一族として知られ、「学家」と称されてきた。

「顔姓の人が台湾で一番多いのは台南だよ」と、李さんは教えてくれた。

安南区には「顔姓宗祠」という顔姓の先祖を祀る祠がある。自分のルーツと関係があると思うとこの目で見てみたくなる。事前に連絡していたので「台南市顔姓宗親会」という顔姓の人々でつくる団体の理事長・顔國《イエンクオ》さんが、祠の前で私を待っていた。最初はやや戸惑っていたが、同じ顔姓だと分かると、途端に笑顔になった。知らない者同士でも、出身地や出身校が同じだと急に親しみを覚えるのと同じように、台湾では姓が同じだと、急速にその距離が縮まる。

祠の中には、孔子廟では位牌しか拝めなかった顔回の像が置かれていた。額が広く、丸顔で一重の切れ長の目。思わず、「あ、似てる」と嬉しさのあまり叫んでしまった。顔回の風貌は、私の記憶の中にある祖父や父にそっくりだった。

もしちょっとでも血のつながりがあるなら、顔回の頭脳と品格が私の中にも少しでも残ってくれればよかったのに。

別れぎわ、顔國さんは「台南市顔姓族譜」という家系図を貸してくれた。なんだか玉手箱をもらった気分になり、日本でゆっくりとページをめくろうと心に誓いつつ、その場を後にした。

顔回の誕生から約2000年後、台南で歴史に名を残す顔姓の人物が現れた。

17世紀にアジアの海で活躍した有名な海賊・顔思斉だ。福建省漳州で1588年に生まれた顔思斉は体格に恵まれ、武芸に精通していたが、地元の役人にいやがらせを受け、その役人の使用人を殺害してしまい、肥前平戸（長崎県）に逃げたと言われている。

日本では貿易商として活躍したが、江戸幕府の朱印船貿易により、外国人であった顔思斉はやむなく平戸を離れ、華人の海賊や日本の倭寇と同盟を組み、その豪快さで「日本甲《か》螺《しら》」（海賊の頭という意味）と呼ばれる大海賊となった。

そして1621年、台湾に上陸し、台南一帯を占拠した。

上陸地点は、台南の鹿耳門、雲林の北港や水林、彰化の鹿港など複数の場所が指摘されているが、資料不十分で決定的な証拠がなく、各々の場所に記念碑などが建てられている。

嘉義との境界近くにある雲林の北港には、高さ10メートル近くの立派な「顔思斉先生開拓臺湾登陸紀念碑」が市の中心にあり、その周りはロータリーとなっている。

石碑には、顔思斉を頼り、福建省の漳州と泉州から3000人が移民してきたとあり、まさに台南一帯から台湾の歴史が始まったとされている。

北港にある顔思斉の記念碑。

顔思斉と同盟を組んだ28人の華人海賊の中には、平戸で知り合った鄭芝龍がいた。鄭芝龍は、後に台湾で初めて漢民族政権を打ち立てた鄭成功の父である。

元来理系一筋の私は、こんな歴史にはあまり興味がなかった。しかし、台南を訪れ、孔子とその一番弟子で、私のご先祖様でもある顔回につながり、大海賊・顔思斉まで登場してくる面白さにはまり、すっかりにわか歴女《れきじょ》になってしまった。

孔子廟の周囲は台南市の花・鳳凰花が美しく咲き乱れる。私と台南をつなぐ歴史に思いをめぐらしながらぼんやりとしていたら、風に舞う深紅の鳳凰花の花びらが髪に留まった。

東京や台北と違って、台南にいると歴史を感じる瞬間が増えた。台南という場所全体を包んでいる空気と流れている時間が、私をそんな気にさせてくれたのかもしれない。

台南を動かす若い力

台南にバブルがきてる！

訪れるたびにそう感じる。

「バブル」という言葉は知っているが、実感したことはない。日本が実際にバブルだったころの私はまだ学生。世の中の動向や景気は私の生活にまったく関係がなかった。

いまの台南からは、「元気」をそこかしこに感じる。明らかに東京より活気にあふれている。これを本当にバブルと呼んでいいかどうかは別にして、台南がとにかく過去にないほど盛り上がっていることは間違いない。

常にどこかで行なわれているにぎやかなお祭り、建築途中のビル、通りを埋め尽くす観光客、人気店にできる行列、活気あふれる市場。台南にあったオリジナルのものに、外から集まってきた人々のパワーが加わり、噴きでるようなエネルギーが台南に満ちている。

台湾の新聞記事では、２０１１年頃から台南は台湾で人口が唯一増加している都市だと報道されていた。

もともと台南にはあまり仕事がないので、若者は大人になると台北や台中、高雄に移り住んでいった。ところが最近は、生活コストが安価で、ストレスが少なく、経済的にも成長を始めた台南に魅力を感じて、台南にUターンしてきた外地の台南人や、海外を含めた台南以外から移り住んで来た「新移民」と呼ばれる人たちが増えているからだ。日本から台南に移り住み、お店を開く日本人までいる。

台北なら一坪日本円で150万円は下らないのに、台南だと一坪20万円前後で買えるのだから、値上がりしているとはいえ、財力に余裕がない若者にとってもまだまだ十分チャンスがある。

人の集まるところは経済活動が活発になる。台南生まれの台南育ちという生粋の台南人を含め、いずれも20代から30代を中心とした若い世代がいま、台南に新しい風を吹き込んでいる。

デザインTシャツ屋、バー、カフェ、美容院、画廊、飲食店。彼らはそれぞれ自分の夢を持って店を開く。留学経験のある人は外国で見聞きしたアイデアでビジネスを展開し、センスのいい芸術家はアトリエを構え、創作活動に励む。

特に私の目に面白い現象として映ったのは、古民家を買い取り、全面的にリノベーションして自分のさまざまな活動拠点としつつ、一部を観光客向けのしゃれた「民宿」として経営している人たちだ。

日本で民宿と言えば、古い建物に畳敷きの和室とお布団が定番。おじちゃんとおばちゃんの切り盛りで、朝食にはアジの開きに納豆とお味噌汁、夕食には山の幸か海の幸がたんまり。さらにポカポカ温泉もついて一人1泊1万円以下というイメージが強い。

ところが、台南の民宿は違う。まず経営者が若者だ。規模が小さい。お客さんは多くても1日に5組以下。食事はついておらず、素泊まりで、バスタブもごくまれにしかない。もちろん温泉はない。それでも、値段は1部屋2000元（約7000円）から8000元（約2万7000円）するものまである。

これなら民宿よりも、同じくらいの価格で泊まれる台南市内のシャングリラホテルやランディスホテル、リージェント系のシルクスプレイス台南のように、設備の整った大型の一流ホテルに泊まりたくなるのが普通だが、台南の民宿にはホテルを超える魅力がある。

なんと言っても建築が素晴らしい。古都台南ゆえに、日本統治時代の建物や中国の伝統建築様式である三合院のような古民家を、センス良くリノベーションしたところに宿泊できる。一歩中に入れば、飛び交うWi-Fiあり、ビンテージ級の家財道具ありと、新旧が共存する空間となっている。一棟貸しなら、キッチン、居間、食堂や庭も自由に使える。

食事は街中の至るところに美味しい食べ物がある。その気になれば市場で好きな食材を買って自分で調理すればいい。

部屋の値段も一人なら高めに思えるが、家族や友人たちと訪れれば割安だ。人気の民宿は、週末の予約は半年以上待たなければ入れられない。

「京都の俵屋や炭屋のようにしたい」

5人兄弟の末っ子なのでみんなから「小五《シアオウー》」と呼ばれる38歳の謝文侃《シエウェンカイ》さんは、いかにも両親から甘やかされて育ったやんちゃで、ややのんびりとした雰囲気を漂わせているが、台南の民宿ブームの火付け役として有名なやり手のビジネスマンだ。

私の台南民宿との出会いは彼から始まった。

小五が手がける民宿「謝宅《シエチャイ》」は3軒あり、いずれも非常に予約が取りにくいほど人気を集める。小五は海外での留学を経て台湾に戻り、台北の外資系企業で仕事をしていたが、父親の病気を契機に台南で民宿経営を始めた。民宿はいずれも小五の親族の家をリノベーションしたものだから、どの建物にも彼の幼い頃の記憶と思いが詰まっている。

2009年、最初にオープンした「謝宅1・西市場謝宅」は小五の生家で、1日に1組しか客を取らない一棟貸しスタイルだ。

謝一族は小五の祖母の代より、台南の服飾市場として有名な「西市場」で生地屋を営んでいた。1階が店舗で、その上にかつての住居があった。

「この階段すごいでしょ」

ガラガラとシャッターを押し上げた先には一人が通れる幅しかない傾斜角80度以上の鉄砲階段が現れた。まるで垂直に立てた脚立を登るようで、スーツケースを持っていたら一体どうやって上まで運ぶのだろうと心配になった。やっとの思いで2階にたどり着くと、居間があり、小五の読んだ本やマンガ、子供の頃に弾いていたピアノがそのまま置いてある。

3階はキッチンとダイニングで、4階に寝室、5階に浴室がある。階を追うごとに空間が広くなっていく。ちょっと表現し難い不思議な作りだが、市場内は地価が高いので、店舗

「小五」こと謝文侃。民宿ブームの火付け役だ。

面積を大きく取るために、住居への入り口を極力小さくする必要性から生まれた構造らしい。

　蚊取り線香と畳の香りが鼻にはいってきた。どこか日本の昭和を感じさせられる。台南人の生活は日本の少し昔に似ているようだ。

「よう、元気か」

「元気だよ。おじさんも元気？　体に気をつけてね」

　小五が市場を歩くと、次々と声がかかる。子供の頃、市場の中での買い物は、全部つけで買っていた彼にとって、みんな親戚のような感じなのだろう。

　小五は父方の祖母の家を「謝宅2」にしようと計画中なのだが、それより先に叔父の家を改築した「謝宅3‐保安路謝宅」が2010年に完成した。

「『トム・ソーヤの冒険』に出て来るようなツリーハウスに住むのが夢だったんだ」

　小五は、私を案内しながら誇らしげにつぶやいた。樹齢50年の台湾楓《タイワンフウ》を室内に移植して造り上げた空間は、木を見上げながらついうたた寝をしてしまうほど心地よい。子供のときの夢が詰まった謝宅3はシリーズの中で唯一1日に3組が宿泊できる民宿だ。2013年には「謝宅4‐西門路謝宅」までオープンさせている。小五の勢いはすごい。

　謝宅は各民宿を通して、畳の部屋に布団を敷き、蚊帳を吊

「謝宅1‐西市場謝宅」内部。急な階段を昇っていくと徐々に空間が広くなる不思議なつくり。

るして寝るスタイルを貫いている。浴槽にも凝り、日本統治時代の建物に良くみられた「洗石子」という、セメントに石の粉、細かい石などを混ぜたタイルを使用し、窓には簾《すだれ》もある。

日本の旅館の素晴らしさを熟知したうえで、日本と台南の良さをミックスさせ、こだわり抜いた内装に、私は素直に感動した。小五は、俵屋旅館やアマンリゾート、シックスセンシズ・リゾートのような高級ホテルに泊まり、そのノウハウとサービスを学んでは、自分の民宿に反映させているという。

「謝宅を台南のブランドにするんだ」

かつて商売の中心地として栄え、台南の富裕層が住んで来た中西区に生まれ育ち、民宿チェーン・謝宅を展開する彼から、特に「俺こそ台南人だ。民宿を通して台南文化を発信していくんだ」という自負が感じられる。

でも一歩ひいて見れば、彼の成功と自信は生まれ育った家庭環境によるところが大きいとも言える。小五の一族はこの地の大地主だ。代々この地に住んできた者の強みがあるのだから成功しても当然という声もある。台湾ではお金持ちの家に生まれた子供を「含著金湯匙出生（金の匙をくわえて生まれて来た）」と表現する。小五も間違いなくその一人であり、本人がいくら努力していても、世間のやっかみを受けやすい。

「謝宅３－保安路謝宅」は台湾楓が内部に聳える。

台南の民宿は、謝宅を含め、その多くが台南市の西側にある中西区に集中している。

清朝時代のこの一帯には新港墘港、佛頭港、南勢港、南河港、安海港の5つの港があったことから、「五條港《ウーティアオカン》」と呼ばれ、貿易で栄えてきた地区だった。

かつては5つの港に向かって水路が延び、荷物を積んだ舟が行き来した。水路の両側には1階が店舗で2階が倉庫となる建物が続く風景があったというが、現在は全て埋め立てられてしまった。

このエリアの民宿は大人気で、なかでも特に正興街、神農街、信義街の3つの通りに元気が満ちあふれている。

正興街は東京の原宿に似ている。土日になれば全長わずか200mの道が人で埋め尽くされる。カフェ、フルーツ屋、雑貨店、アクセサリーショップの前はどこも人だかりが出来ている。ひときわ長い行列がいつも出来ているのは、す

「謝宅4 – 西門路謝宅」。シリーズを通して畳敷き、洗石子の浴槽などのこだわりが見られる。

でに紹介したソフトクリーム屋の「蜷尾家」だ。

ソフトクリームは一個80元（約270円）。30元（約100円）で朝食やお昼が食べられる台南の物価から考えるとかなり高いが、1日平均300個以上売れる超人気店になった。

オーナーの李豫《リーユイ》さんは坊主頭に黒縁眼鏡でスポーツ選手のように体格がいい。手書きの名刺には「光頭（はげ）」と自ら書いていた。一見強面に見えるが、話し始めると実はシャイな一面を見せ、謝宅の小五のことを「兄貴」と呼んで慕っている。

「いままで70種類以上の味を作ってきたけれども、一番好きなのは杏仁味だよ」

日替わりで毎日2種類のソフトクリームを出す。玄米と烏《ウー》龍茶《ロンチャ》味を食べてみた。確かに美味しい。でもここまで並んで食べるほどのものかな、とも感じたが、原宿でクレープを食べる心理と同じだろう。人が人を呼ぶ現象だ。この人気にあやかり、周辺では同じようなソフトクリーム屋が続々と開店し、台南市ソフトクリームマップまでできている。

小さい街では人の噂も多い。今は成功している李さんだが、昔は「どうしようもないドラ息子」だったことはみんな知っている。台北でカメラマンの助手をしていたが、仕事に身が入らず、警察官だった父親の退職金を半分、無理矢理譲り受

1 シャングリラホテル（香格里拉國際飯店）
台南市東区大学路西段89号 ☎ 06-7028888
http://www.shangri-la.com/jp/tainan/fareasternplazashangrila/

2 ランディスホテル（台南大億麗緻酒店）
台南市中西区西門路１段660号 ☎ 06-2135555
http://tainan.landishotelsresorts.com/japan

3 シルクスプレイス台南（台南晶英酒店）
台南市中西区和意路１号 ☎ 06-2136290
http://www.silksplace-tainan.com.tw

4 謝宅《シエチャイ》
台南市中西区西門商場１号 ☎ 0922-852280
http://oldhouseinn2008.pixnet.net/blog

け、開いたお店が「蜷尾家」だった。誰もが失敗すると思ったが、見事成功し、最も驚いたのは彼自身かもしれない。

「蜷尾家」と同じ通りには、ブティックホテルの佳佳西市場旅店がある。台湾初の女性建築家・王秀蓮《ワンシウリエン》が1970年代に設計したホテル「佳佳大飯店《チアチアダーファンティエン》」を、台南在住の有名な建築家・劉國《リウクオ》滄《ツァン》さんがリノベーションしたものだ。「神農街屋」など部屋ごとに台南の名所などをモチーフとしたテーマがあり、どれに宿泊しようか迷ってしまう。

カフェで紹介した「正興咖啡館」も3部屋の民宿を併設している。店内のカフェスペースを通り過ぎ、どんどん奥に入っていく造りで、長屋の特徴を存分に活かしている。ちょっとした隠れ家に泊まる感覚だ。私が泊まった部屋には二つの大きな露天風呂が付いていて、一日中部屋から出たくないほど快適だった。

劉さんは他にも正興街からほど近い海安路に「藍晒圖《ランシャイトゥー》（ブループリント）」という壁アートを手がけ、台南のランドマークとして人々から親しまれている。安平にある「徳記洋行」の倉庫を改築した「安平樹屋」も彼が設計した。既存のものと自然や現代をかけ合わせ、新しさを感じさせる劉さんの作品はどれも私は大好きだ。

日本統治時代、「北勢街」と呼ばれていた「神農街」は昔、台南で一番賑やかな通りと言われていた。2010年に施行された台南市政府の保存計画により、台南の「老街（古い通り）」としてしっかりと保存されている。

台南在住の建築家・劉國滄が手がけたブループリント（上）、安平樹屋（下左）、佳佳西市場旅店（下中・右）。残念ながら改築のため、ブループリントは白い壁となってしまった。

こちらはカメラマンが経営する民宿「木子」。

女性５人が共同経営する民宿「有方公寓」。

いまも普通に生活している民家の間に民宿が点在している。入った瞬間にアロマの香りがするのは、女性5人で共同経営している民宿「有方公寓」。カメラマンが経営するかわいい民宿「木子」。いずれも外からは想像できない個性的な空間が広がっている。夜間照明によりライトアップされた石畳の通りをそぞろ歩きすれば、簡単に戦前の台南にタイムスリップした気分に浸れる。

信義街には、台南市を囲む城門として現存する最古の「兌悦門」がある。正興街や神農街に比べ、人通りはまだ少ないが、手作りパンやビスケットのお店が次々とオープンしており、訪れる

内装がかわいらしいネコカフェ「Fat Cat Deli」。

こちらも台南に移り住んできた若者が開いた民宿「老古石渡」。

5 佳佳西市場旅店《チァチァシーシーチャンリュイティエン》
台南市中西区正興街11号 ☎ 06-2209866
http://www.jj-whotel.com.tw

6 有方公寓《ユーファンコンユイ》
台南市中西区海安路２段269巷9号 ☎ 06-2231208
http://trip235.com

7 木子《ムーツー》
台南市中西区神農街145号
☎ 06-2219646/0972-922632
http://2010muzi.blogspot.jp

8 Fat Cat Deli
台南市中西区信義街114号 ☎ 0983-788010
㊢ 11:00～19:30（休日は20:00まで）
㊡ 水曜日

9 老古石渡《ラオクーシートゥー》
台南市中西区信義街120号（文賢路と兌悦門の交差点）
☎ 0984-260256
http://www.loku.tw

たびにその変化に驚く。

香港から台南に移民して来た若者が経営するネコカフェ「Fat Cat Deli」や、台南好きの若者が開いた民宿「老古石渡」、リタイアした夫妻が開くレストラン「筑馨居」(36頁参照)などがあり、ちょっとお洒落な門構えだと思うとそこがまた新しくできた民宿という風に、街が日々変化をとげ、人の流れができつつある。

安平も頑張っている。2006年、安平に誕生した民宿「臺窩灣民居」を経営する歐恵芳《オウホイファン》さんは、「ここが台南の民宿第一号よ」と私に教えてくれた。

当時は珍しかった民宿が、いまでは全台南で300軒以上もあるという。その増加のスピードはすごい。1947年に建てられた三合院形式の建物は、1995年まで歐さん一家が住んでいた家だった。中央に神棚、両側に居室があり、当時の生活様式を体験できる貴重な民宿だ。

オープンして最初の5年は全くお客さんが来ない日々が続いたが、いまではヨーロッパからのお客さんを中心に、毎日多くの宿泊客で賑わっている。

「台南はお金をがつがつもうける場所じゃないの。もっとゆっくりと、生活を楽しむ場所だと思うわ」

台南市内で増え続ける新しい民宿に対しても焦らずマイペースを守りながら、歐さんはしっかりと自分自身のあり方を見つめていた。

安平の中心からわずか10分のところに、「漁光島」という小さな島がある。2008年に漁光大橋ができ、安平と島が繋がるまでは無人島のような島だった。森林浴を堪能できるほど自然豊かな漁光島の集落に、突如コンクリート打ち放しの建物が現れた。

その民宿「毛屋」は古民家のリノベーションではなく、一から新しく建てた民宿だ。建築家であり、民宿の経営者でもある毛森江《マオセンチアン》さんは生粋の台南人。安藤忠雄のコンクリート打ち放し作品に傾倒し、日本の大林組や竹中工務店で働いて技術を学び、故郷の地に自分の理想を実現させた。

毛屋で出迎えてくれたのは、笑顔がとってもチャーミングな毛森江の三女・韋柔《ウェイロウ》さんだった。デンマークのデザイナー、ハンス・ウェグナーの高価なYチェアに7m近い台湾杉の原木を削り出して作った一枚板の机、高さ5mを超える特注の玄関扉。朝食には台南名物の「牛肉湯」と「サバヒー粥」を出してくれる。どれ一つとっても妥協はない。毛さんは、ほかにもコンクリート打ち放しの建物を台南のあちこちに建て続けながら、新しい風を街に送り込んでいる。

自然豊かな漁光島には 2008 年に安平と島を結ぶ漁光大橋ができ行きやすくなった。

民宿ブームは確かに台南の勢いを象徴するが、問題がなにもないかというとそうでもない。謝宅3に泊まっていたとき、ちょっとした事件が起きた。

朝起きて、台湾楓の木を眺めながらパソコンに向っていると、玄関を激しく叩く音がした。来客があるはずもないと思いながら、戸を開けると、観光局の職員や警察官を名乗る3人がズカズカと室内に入り込んで来た。

「あなたは宿泊客か。ここの責任者はどこにいる」

情況が飲み込めないまま、急いで小五に連絡をした。

毛森江と三女の毛韋柔（上）。民宿「毛屋」には台湾杉の7m一枚板テーブル（中左）や特注の高さ5mの玄関扉など意匠がこらされている。

小五の到着を待っている間も、「1泊いくらで予約したか、なにを見て知ったか、一人で泊まっているのか」などと職員が私に矢継ぎ早に質問し、私の答えを手にしていた書類に書きこんでいた。

到着した小五は、彼らと宿の外で話し合っていた。

「なんだったの?」

「この間泊まったお客さんが、3階のお風呂場から水を外に飛ばしたから、近所の住民がクレームを言ったみたい。だから現地での聞き取りと勧告にきたんだよ」

住宅街の中にある民宿だ。隣近所の人にとってこういった行為は迷惑となる。街の活性化に一役買っている民宿だが、こんな問題も起きるのだから大変だ。

生粋の台南人には、台南バブルは台南以外からやって来た人々が勝手に作り出したと感じている人も多い。

確かにそうかもしれない。だけれども、バブルを作り出している人々の根底には、誰もが「台南が好きだから」という思いがある。旅行者にとってこれまではただ通り過ぎるだけの場所であったが、その良さが再発見され、立ち止まり、根をおろして、生活する場所へと変化した台南。こんなバブルならいつまでも続くことを願っている。

10 臺窩灣民居《タイウォーワンミンチュイ》
台南市安平区国勝路25号
☎ 0953-600871
http://www.tayouan.com.tw

11 毛屋《マオウー》
台南市安平区漁光路113号
☎ 0978-237113
http://www.maowu.tw

楊さんに会いに――マルヤンビンロウ店

台南に行くと、必ず立ち寄る場所がある。

民族路と康楽街の交差点にほど近いビンロウ店だ。

ビンロウとは、覚醒作用がある木の実で、ガムのようにみんなかんでいる。と言っても、私がビンロウをたしなむわけではなく、店主の楊永成《ヤンヨンチョン》さんに会いたくて、店を訪れている。

ここに顔を出せば、店主の楊さんが必ず声をかけてくれる。

「お帰り！　ご飯食べたか？」


ビンロウは、ヤシ科の常緑高木で、アジア太平洋一帯に広く生息している植物だ。

以前台湾新幹線に乗り、台中を過ぎたころから目立つようになる背の高い木々を見て、「台湾の南部って、ヤシの木ばかりで、ハワイみたいな南国だね！」と騒いだら、一緒にいた台湾通の日本人に「あれ全部ビンロウだよ」と教えられたことがある。

確かに近寄ってきちんと見れば違う。ヤシの木に比べ、だいぶ幹は細く、葉の生い茂り具合もいくぶん寂しい。てっぺんに白い小さな花を咲かせ、どんぐり大の実をたわわに結ぶ。

台湾の街でよく見かける「檳榔《ビンロウ》」の看板で気がつくと思うが、台湾には独特のビンロウ文化が根づいている。

ビンロウ店では、ビンロウの実を、少量の石灰を塗布した蔓《つる》科の蒟藤《キンマ》の葉で包んで売っている。石灰にはビンロウから興奮作用のあるアルカロイド成分を引き出す効能があるらしい。価格はだいたい1パック10個入りで50元（約170円）前後だろうか。

中国の伝説の美女・西施に例えて「ビンロウ西施」と呼ばれ、限りなく下着姿に近い格好をしたセクシーな女性が一坪ほどのガラス張りの店内でせっせとビンロウを包み、通りに寄せた車の車内から「一包《イーパオ》！」と声を上げる購入者まで運んであげるサービスが有名だ。

楊さんのお店はこの手のセクシービンロウ店ではないので、ビンロウ西施はいない。日本で言う街角のタバコ屋さんといった風情だろうか。

お店はほぼ入り口のシャッターが上がったままで、行き交う人々がふらっと入りやすくなっている。店内に座っていると、常連客が立ち寄ってくるのが気配でわかる。

この小さな店からビンロウが1日に平均1500から2000個以上売れていく。

試しにビンロウを食べてみた。かみ砕いたら、たちまち渋みが広がった。渋みが強いのでツバを吐き出しながらかみ続けると、次第に体が温まるのが感じられた。眠気醒ましになるのを実感したが、まるで渋柿のようでもう一つ試す気にはならなかった。

ビンロウ以上に私が興味をひかれたのが、ちょびひげにメガネをかけ、髪の毛がかなり薄く、少し気難しそうな風貌の楊さんだった。かっこいいとはお世辞にも言えないが、笑った顔がとても魅力的なおじさんだ。

楊さんの両親は共にパイナップルの生産地として有名な台南の関廟《コワンミアオ》という土地で育った。1965年生まれの楊さんは、お父さんの代からこの場所に店を構えたビンロウ店を継いだ。だから彼のビンロウ店には50年以上の歴史がある。

世話好きで優しい楊さんのマルヤンビンロウ店にて。店ではビンロウの実を、石灰を塗布したキンマの葉で包んで10個50元で売っている。笑顔が魅力的な楊さんは「心のアイドル」的存在。

マルヤンビンロウ店（馬路楊檳榔會社）

台南市中西区民族路３段136号　☎ 06-2243092
㊖ 6:30～1:00

小さい頃は学校から帰るとお店で両親のお手伝いをしながら宿題をしていた。勤勉な両親の姿を見てきた楊さんは、その精神を受け継ぎ、年中無休、ほぼ24時間営業という態勢を貫き、楊さんの妹や息子、甥っ子たちと協力して店を営んでいる。

店先に座り込み、楊さんとなんてことのない世間話をするようになってから、ある日、偶然にも私の妹が台南に遊びに来た。台湾のレコード大賞である「金曲奬」をとったことがある台南在住の謝銘祐《シエミンヨウ》さんという歌手のライブがあり、みんなで聞きに行くことになった。そのとき、ちょっとした「事件」が起きた。

楊さんを慌てさせたライブ当日。謝銘祐（中央）と（右は妹・一青窈）。

屋外ライブで天候が悪かったせいか観客も少なく、少し寂しい空気の中、妹の携帯が鳴り響いた。静かなところで話したかったのだろう。妹はライブ会場から離れ、人気のない場所に移動していった。

待つことおよそ10分。全く気にならない私と対照的に楊さんは会場の後ろをチラチラ振り返る。15分が経過したころ、とうとう耐えられなくなったのか、楊さんが「あんたの妹を探しに行く」と言って立ち上がった。

それから30分が経過し、相変わらず呑気に歌を楽しんでいる私のところに、首を振りながら息をきらせた楊さんが戻ってきた。

「大変だ、あんたの妹いなくなったぞ。いくら探してもいないぞ」

汗をかきながら焦っている楊さんの背後から、妹は何事もなかったように戻ってきた。帰りの車の中、楊さんはひたすらどれくらい心配したのかを語り続けた。

「女の子一人暗闇の中で消えたから、人さらいにあったら大変だと思った」

「似たような背格好の女の子がいて、後ろから近づいてみたら違う人で変態かと間違われた」

「女の子なんだから危ないことをしたらだめだ」

みんなで、大袈裟だよ、と突っ込みを入れながら笑っていたが、楊さんはきわめて真剣だった。

一足先に妹が帰国したあとも、楊さんはぶつぶつ私にぼやいていた。

「異国の地の台湾で妹さんになにかあったら、台湾人として、台南人として、申し訳ないとあの時は本気で思ってしまった」

「病気になってからあんなに長い時間歩いたり、走ったりしてこなかったから、体中が痛い」

無粋な声で愛想のない楊さんだが、あのとき、無事に戻ってきた私の妹をぎゅっと抱きしめ、叱ってくれた姿がまるで父親のようにも思えた。

ライブを聞きに連れて行ってもらったのに、ほとんど会場にいなかった妹。自分をスターか何かと勘違いしているとも受け止められかねない自分勝手な行動を、少しは反省したのかしら。知り合って半日も経たない台南人のおじさんがこんなにも心配してくれていたことで、ちょっとでもこの日の出来事を記憶してくれていることを願っている。

そんな楊さんのおせっかいな優しさは、いつも変わらない。

「小雨が降っていたから原付にかかっていたヘルメットを店の方に入れておいたぞ」

「明日早起きなら電話かけて起こしてあげるぞ」

「お腹空いただろ、夜食買っておいたぞ」

「紅茶飲むだろ、持って行け」

これだけ構ってくれたら、人付き合いの決して良い方ではない私でも、なんだか関わりたくなる。夜食のお礼にフルーツを差し入れたりして、自分から楊さんの店に立ち寄るようになった。

20年近くほとんどこの仕事場から半径100メートル以内で生活してきたという楊さん。飛行機に乗ったことがないので、日本にも行ったことがない。

「日本はどれくらいの大きさなんだ」

「台湾が日本の九州という一つの島くらいの大きさだから、全体合わせると……」

「そんなに大きいのか、日本は。人口は何人だ」

「1億3千万人くらいかしら」

「なんだって？　そんなに人がいるのか」

私がお店に現れると、矢継ぎ早に日本について聞かれた。

私と知り合ったことで、楊さんは息子に頼んでパソコンで色々と調べてもらうようになり、会う度に日本に詳しくなっていた。

「楊さん自身のことを教えて下さい」

かなり仲良くなったころ、今度は逆に私が楊さんについて聞いてみた。

「そんなことを聞いてきた人はあんたが初めてだよ」

そう言いながら、楊さんは、ビンロウ店が以前雑貨店だったころの名残りでいまでも売っている手作りのアイスティーを差し出してくれた。このアイスティーが本当に美味しい。

楊さんは小さい頃から勉強が好きで頭が良かったが、お父さんが病気になってしまったため、進学を諦めざるを得なかった。10代半ばからお店を手伝いつつ、工場での部品の組み立てなどいくつもの仕事を経験し、ビンロウ店を継いだというわけだ。

27歳で結婚し、男の子3人の子宝に恵まれたが、奥さんは生まれて間もない一番下の子を連れて、ある日突然、家を出てしまった。

人生なにが起きるかわからない。

父子家庭となり、男手一つで子育てと仕事に追われる日々が続いた。

10年ほど過ぎたある日、店の前に、見覚えのない男の子が立っていた。その子も楊さんのことは覚えていなかったが、母親に教えられたのか、楊さんを見るなり「お父さん」と呼んだ。

あろうことか、別れた奥さんが連れていった子供を放置していったのだ。

かなり重たい話だが、楊さんの口調には悲壮感はない。

「家家都有一本難念的経（どの家にもあまり人に言いたくないことがある）」

そんな風に、中国語のことわざを使って苦笑していた。楊さんは心のなかで割り切っているようだった。

7年ほど前、楊さんは重度の糖尿病と診断された。

「もう少しで手足を切らなければならなかった。目が見えなくなる可能性もあったんだ」

働き詰めに加えて1日3時間睡眠の繰り返し。長年の不摂生がたたった。自宅でほぼ寝たきりの生活を過ごすことになった。その間ほとんど何も食べられず、お腹は臨月の妊婦よりも膨れ上がり、寝返りを打てば全身が痛み、激しい咳で肋骨が何本も折れ、歯もガタガタになった。

「ところがある日突然、いままで自分を苦しめていた症状がひとつずつ消え始めたんだ」

「おかげで7㎝も背が縮んだけどね」

糖尿病も高血圧も、すべて正常値となり、そのかわりに脊椎の椎間板は押しつぶされ、今のような極端な猫背になってしまった。自分の闘病を語るその言葉はあくまでも淡々としている。

「もともとは俺もかっこよかったんだぞ」

医者からも匙を投げられた楊さんの「奇跡の生還」は、街でちょっとした噂になった。見ず知らずの人からも、病気が治った理由を聞かれるようになっている。

そんな時、楊さんはこう答えるという。

「そんなこと俺にもわかんねえよ。ただ高粱酒を毎晩飲んでいたから、そのおかげもあるかも知らねえが、どうだかね」

「じゃあ、是非その高粱酒を分けてもらえませんか」

「そんな特別なもんじゃないさ。そこらへんの金門高粱酒だし、それで治るとも保証できねえから、勝手に飲みたきゃ飲んでみな」

楊さんとのつきあいで、私もけっこう物知りになった。私は台湾語の聞き取りはできるが、話すことはあまりうまくない。だから楊さんから台湾語の会話を教えてもらった。

台湾では公用語として学校では中国語（北京語）を学ぶが、特に南部では、台湾語を話すことが主流となる。ビンロウ屋のようなローカル色の強いお店で使われる言葉は１００％、台湾語と思っていい。

台湾語は文字を持たない。台湾人の家庭では両親や祖父母が話すのを聞いて自然と覚える言葉なので、核家族化が進む台湾では、20～30代の若者で台湾語を話せない人が増えているが、台南では若い人もけっこう話せる。中国語の声調が四声なのに対し、八声もあるので難しいが、ちょっとした言い回しで隠語やジョークを表現できるところが面白い。例えば、こんなものがある。

「紅柿棗李梨《アンキーズォリーライ》」

玄関前に柿とナツメとスモモと梨を並べておく。これが、ほぼ同じ発音の「翁去這你來」という意味の暗号となって、夫のいないときに間男に来てもいいという合図を示す言葉となる。

「去蘇州《キソッジュウ》 賣鴨蛋《ベエアルン》」

遠い中国の蘇州に行ってアヒルの卵を売るという言葉で、「人が死んだ」ことの直接的な表現を避けたものだ。

楊さん直伝の生きた台湾語の数々をノートに書きとめた。

台湾で、かつてはお金に余裕のある人が食べていたビンロウがいつの間にか労働者が食べるものに変わった。ビンロウ店は表向きで、裏では賭博場や売春の斡旋を行っている店もあり、風紀の乱れの代名詞として社会から白眼視されている。

「子供のころ、家がビンロウ店だと言うと、同級生が誰も遊びに来てくれなくなった」

こんな思い出がある楊さんは、自分の息子たちに好きなことをやりなさいと教えている。それなのに、息子たちは学校に行きながら、お店の手伝いを自ら進んでしている。

「3代目でこのビンロウ店をもっと現代化したお店に変えてみるつもりはないの？」

「ないよ。小さい頃からオヤジが真面目にここで仕事をしている姿をずっとみてきたから、この店を変えるつもりはない」

「台湾初のビンロウの宅配とかネット販売を始めてみたら？」

「ここにビンロウを買いに来るお客さんを大切にしたいから、そんなことはしないよ」

頼もしい息子たちがいる楊さんの店は、この先ずっとこのまま台南のこの場所にあり続けるに違いない。

知り合ってだいぶ経ってから、お店の名前を知らないことに気づいた。

「外の看板に書いてあるだろ」

「楊双冬檳榔」――かなり古ぼけた看板だった。薄い赤い丸で囲まれた楊という文字の下に双冬檳榔と書いてあった。双冬は台湾中部・南投にある地名で、ビンロウの名産地だ。

日本統治時代のなごりで、丸で囲んだ字は「マル」と読むらしい。

台南の街角で親子50年以上に渡ってビンロウ屋を営み続ける楊さん。偶然私は楊さんと出会うことになったが、必要のない偶然などないと信じている。台南に住み続け、台南しか知らない楊さんのような人によって形作られているのが本来の台南の姿だ。私は、楊さんという人を通して台南に触れ、台南をちょっとだけ理解できた気がする。

不器用だけど飾らず、優しい台南人を代表するような楊さん。

本を書き、歯医者であり、役者でもある私を、楊さんはいささか過大評価しているようで、なにかにつけて「あなたは俺のアイドルだ」と持ち上げた。

そんな楊さんに対して私は逆に「あなたこそ、私のアイドルよ」と心の中でつぶやいている。

日本に帰国する日、お別れの挨拶をしようと立ち寄ると、新しい看板の取り付け作業が行われていた。楊さんの姿は見当たらない。

つかの間の眠りを楽しんでいるのだろう。

「また来るね」

持ち上げられて行く真新しい深紅のビンロウ店の看板を見ながらつぶやいた。

日本に帰国してから、フェイスブックに通知がきた。なんとビンロウ店の公式ファンページ「Maru Yang 馬路楊檳榔會社」が出来上がったのだ。私が訪れたときの写真も掲載されている。

「マルヤンビンロウ店から世界へビンロウ文化を発信したい」

私がこの小さなビンロウ店から台南へ踏み出したように、楊さんも世界へ踏み出した。

誇り高き安平人――カラスミ職人

丸奇號の店内。お正月前などにはカラスミを求めるたくさんの人でにぎわう。

大通りから一つ角を曲がると、それまでの無味乾燥な壁面とうってかわって、いくつもの素焼きの鉢植えから伸び出した緑が目に飛び込んでくる。壁にかけられたオブジェの形態には可愛らしいものもあれば、ちょっぴりおどろおどろしいものもあり、そのお店の外観はまるで陶芸家の工房のように見え、なんとも個性的だ。

玄関先の流木に表札がつり下げられ、「丸奇号」という三文字の上に「まるきごう」と日本語のひらがながふってある。

半分までしか上げられていないシャッターをくぐり、室内に足を踏み入れた私は、小さな腰掛けに座り、黒縁眼鏡に無精髭を生やした細身な男性から投げかけられた無機質な視線にたじろいだ。

みるからにオタク系の理系青年といった容貌のその男性に、「すみません、カラスミ作りを見に来たんですけど」と思わず謝ってしまった。

「ごめん、俺は国語が得意じゃないから、台湾語で話すよ」

この場合の国語とは、中国語（標準語・北京語）のことを指す。中腰のまま、ゆったりとした独特のテンポで、私の話す中国語に、彼は台湾語で答えた。

オレンジ色の物体に、何かをまぶしている。その手際の良さと言葉のテンポが全くかみ合っていないのが妙に印象的だった。すぐ横でミント色のカラーパンツにカラフルなスカーフを巻き、ボブがよく似合うファッションモデルのようにすらっとした女性が立ったりしゃがんだりを繰り返し、忙しそうに狭い室内を歩き回っていた。

丸奇號は静の夫・呉天祥《ウーティエンシアン》さんと動の妻・毛貞燕《マオツェンイエン》さんという対照的な夫婦二人が営む、台南の安平にあるカラスミ屋だ。夫はみんなから阿祥《アシアン》と呼ばれている。

私が訪れた日は11月19日。毎年11月中旬ごろから2月にかけてカラスミを作るという。これから約3ヶ月間、丸奇號では夫婦二人によるカラスミ作りが続く。

私にとってカラスミと言えば、台湾に行けば必ず日本の親戚や友人から買ってきてほしいと頼まれる土産物の一つであると同時に、亡くなった父の大好物でもあったので、小さいころから慣れ親しんできた味だ。

草履のような形をした飴色の物体が一体どのようにして出来るのか、なぜあんなにおいしくなるのか、不思議に思いつつも、知る機会がないまま今日まで過ごしてきた。

二人の動きをしばらく観察する。ボラの卵巣がカラスミの原材料だ。加工前だから、知っているカラスミよりも肌色に近く、柔らかそうに見える。塩を満たした洗面器に卵巣を1枚ずつ、丁寧に入れていく。パン粉をまぶすように、塩をかける。塩にまみれた卵巣を長さ1m程の木の板に並べ、上から布と板とを交互に重ね、最後に重石を置く。

「この板、ヒノキなのよ。干す時にもヒノキを使うと、その香りがカラスミに移ってさらに美味しくなるの。最近じゃヒノキの板を使うお店は少なくなったわ」

そのまま数十分置いたあと、おもむろにヒノキの板から卵巣を水槽の中に放り込み、水洗いする。こうすることで、卵巣に塩がしみ込み、生臭さが取れると貞燕は中国語で教えてくれた。

「破れたところには豚の腸を貼ってあげるんだ」

ボソッと台湾語で阿祥がつぶやく。卵巣を塩漬けにしたり洗ったりする過程で、薄皮が破れてしまった箇所には、市場から買ってきた豚の腸の皮を切り貼りする。冷たい真水には手を入れず、洗い上がった卵巣の中から、破れているものを選り分けるのは阿祥の役割だ。

カラスミを作る阿祥。見た目はオタク系理系青年のよう。

阿祥は片手に豚の腸の皮、もう一方の手にハサミを持ちながら、破れている卵巣と神妙な面持ちで対峙している。目は真剣そのもの。まるで手術を行なうお医者さんのようだ。

破れた箇所よりやや大き目に腸の皮を切り取り、ほころびを覆うようにそっとかぶせ、手で優しくなでつけるだけ。乾けばピタリと貼り付き、破れた箇所が全くわからなくなると

ヒノキの板に並べ、屋上で天日干しされるカラスミ。

いうのだ。腸の皮を使うことを考えついた先人の智慧に驚かされる。

補修が終わった卵巣と、補修の必要のない卵巣を一緒に運び、屋上に出た。ヒノキの板に等間隔に並べられた卵巣に太陽の光がキラキラと反射している。

「わ〜カラスミだ、すごい！」

喜怒哀楽の感情を口に出すのがわりと苦手な私だが、このときは自然と大げさな言葉が口からこぼれた。ここまでくると、卵巣がカラスミに生まれ変わった、と言っていいだろう。

大量のカラスミを前に呆然とする私をよそに、二人は運び上げたカラスミをヒノキの板に手際よくのせていく。約10日間天日干しすればカラスミの完成だ。この間、お天気とにらめっこをしながら、数時間おきに水分の蒸発具合や色付き具合を見つつ、1枚ずつひっくり返していく。

カラスミを作る二人にとって、冷たい水に手を晒し、黙々と作業を繰り返す冬は、一年で一番辛い時期。大変だよね、とつぶやいた私に、「これ1枚1枚が小判だと思ったら幸せでしょ」と貞燕の明るい冗談が返ってきた。その通りだ。思わずまた声を出して笑った。

台南の安平や高雄の近海で獲れる天然のボラからつくるカラスミは色つやが良く、美味しいとの定評がある。

日本人にとって高級食材として好まれているカラスミの多くが、台南など南部の沿岸部で作られていることを私はつい最近知った。

カラスミは天然もののほかに、輸入ものと養殖ものがある。輸入ものは冷凍されるため、天然の香りに及ばず、養殖ものは脂っぽく、生臭さが抜け切らない。天然ものは味も香りもよく、捕獲されてから処理までのスピードが速いほど価格も高い。近年の海水温の上昇や中国による乱獲で、台湾近海で捕れるボラの数がめっきり減り、天然カラスミはますます貴重品になっている。

前述した台南で有名な台湾海老フライのお店「周氏蝦捲」や、カニおこわで有名な「阿霞飯店」では単品メニューとしてカラスミがある。出しているカラスミはもちろん台南産の天然のカラスミだ。

周氏蝦捲では、蝦捲が2本で50元（約170円）なのに、カラスミは一皿300元もした。日本円に換算して1000円近い。強気の値段設定にもかかわらず、プラスティックのお皿に無造作に盛られて出てくる。日本ではわずか数切れで何千円もし、特別な場面以外ではあまりお目にかかれない高級品だが、ここではちょっとぜいたくなファストフードの一品にすぎない。

「台南で手作りのカラスミを作っているところは多分もう5軒もないよ」

ボーダーのTシャツにスニーカー姿の阿祥はカラスミ作りが一段落したあと、楽しそうに自分が吸う手巻きタバコを作りながら、微笑んだ。

　台湾語しか話そうとしない阿祥は安平の出身だ。痩せ細った体格は少年のように見え、朴訥な話し方も加わり、正直頼りなく感じてしまう。とても40を過ぎた中年男性には見えない。奥さんの貞燕と知り合ったのは高雄の高校に通っていたときで、奥さんの方が先輩だった。

　安平という土地は、台湾全体にとって特別な場所である。今から約３００年前、台湾で最初に開発された街が安平であり、台湾の歴史はこの地から始まった。だから安平人は自分たちの街に誇りを持っている。

　阿祥の話す台湾語は、台湾語の中でも「安平腔《アンピンチアン》（安平調）」とされる強いなまりがある。安平以外の台湾人にしてみれば田舎の台湾語にしか聞こえないそうだが、かたくなに安平なまりの台湾語しか話さない彼を見ていると、「俺の台湾語こそが本当の台湾語だ」という自負が強く感じられる。

　誇り高き安平人。

　この感覚、京都弁にこだわり、京都は日本の古都だとプライドを持っている京都人に似ている。自分の生まれ育った場所に愛着と誇りを持てるのは悪いことではない。

「カラスミの作り方は、誰に教わったの？」

「うちはオヤジの代から魚屋で、子供のころから作っていたよ。もっと昔、日本人がカラスミの作り方を台湾人に教えたんじゃないのかな。日本のカラスミは塩っぽいらしいね」

阿祥のお父さんは市場で魚屋を営んでいた。お父さんが亡くなり、魚屋は閉めたが、カラスミ作りは受け継いだ。

そもそもカラスミは日本や台湾のみならず、エジプトやイタリアなどの世界各国でも珍味の一つとして食べられてきた。

カラスミの起源には諸説あるが、古代ローマ帝国と古代中国でほぼ同時期に食されたという見方が有力だ。台湾では約２００年前に、中国の泉州から持ち込まれたことが記録に残っているが、それよりさらに前のオランダの占領下でもカラスミ税を徴収していたらしいから本当のところはよくわからない。

『台湾名産カラスミの話』（台湾水産会）という本には、日本でのカラスミ作りは、約３００年前に長崎県の野母崎で始まり、ほぼ同時期に台湾・高雄の中州というところでも作るようになったと記されている。

日本のカラスミは身が硬くて塩辛く、台湾のカラスミはそれに比べると塩味が控えめで柔らかい。日本では保存食という観念が強く、長持ちするような工夫がされたのだろう。

そのせいか、日本でカラスミと言えば呑兵衛にとってたまらなくお酒がすすむ「つまみ」であり、あくまでも酒の肴として認知されてきたが、最近ようやくパスタやリゾット、サラダなどに加える調理法が広がった。一方、台湾ではごはんのおかずの一品として食卓にのぼることが多い。

日台で味の違いがかなりあったため、かつて日本人は台湾のカラスミを「台湾公」と揶揄し、粗悪品のように扱ってきた。台湾公という名称がどこかユーモラスで面白い。その後、いつのまにか台湾のカラスミの方が日本人にとってポピュラーなものになった。

「始めは試行錯誤を繰り返したけれども、最近じゃ触れただけでどうすれば美味しくなるのかわかるようになってきた。でももっと研究しなければ」

研究者気質の阿祥の言葉が、吐き出すタバコの煙とともに続く。

日本式と台湾式を融合させたカラスミの作り方は、阿祥のような人の努力により、絶えず進化し続けている。

一服終えた阿祥と貞燕は再び屋上に登って行った。カラスミを1枚ずつ手に取って確認しながら、裏返すタイミングをはかっている。あうんの呼吸でやっているようだ。

茶色いもの、黄色いもの、橙色のもの、黒ずんでいるもの。人間の顔と同じように、カラスミの色には個性がある。黒ずんでいるのは、ボラが生きていたときに傷を受け、毛細血管が破れてしまい、うっ血したものだと教えてくれた。蒙古斑のような青あざは、胆汁が出た部分だ。色を見ただけで、そのカラスミがどのような状態でここまで運ばれてきたのかがわかるらしく、我が子を見るような眼差しで見つめていた。

指先の感覚や見た目で、脂がのりすぎているものや、水っぽい不良品を横によけて行く。

大量生産されるものは、扇風機のような人工の風によって乾かされることが多い。お日様は人の思うとおりにはならない。いくら台南は雨が少なく、日照時間が長くても、結局カラスミの仕上がりは、お日様のご機嫌次第ということになる。

このときはカラスミを試食することなく丸奇號を後にした。が、やはり食べてみたい。2014年の旧暦のお正月まであと5日を残した1月26日、再び丸奇號に向かった。

「入ってきなさいよ！」

接客で息つく暇もないくらい忙しそうな貞燕が、私を見つけて微笑んでくれた。

お正月を迎えるにあたり、常連客がカラスミを求めにひっきりなしにやってくる。貞燕はそのたびにショーケースからカラスミを取り出し、説明をしていた。持ち帰ったらすぐに食べられるようにと、リクエストがあれば店先であぶるサービスもしている。

肝心の阿祥が見当たらない。私はしばらく店の隅に佇んでいた。すると、お客さんの一人がカバンで店内の植木鉢をひっかけ、割ってしまった。

必死で謝るお客さん。どこからともなく箒とちりとりを持った阿祥が現れた。「大丈夫、僕に任せて」と言いながら、あわてる様子もなく、淡々と片付けを始めた。

私が視界に入ると、にこっと微笑んだ。このテンポが阿祥だ。

私は日本からお土産を持って来ていた。日本の長崎産のカラスミと生カラスミだ。台湾のカラスミと日本のカラスミを比べて欲しいと思い、日本で取り寄せておいた。

「日本のカラスミを持って来たの」

阿祥に渡した。まるでお誕生日プレゼントを貰った子供のようなとびきりの笑顔。ほんとにカラスミが好きなのだ。

「いま開けてもいいかな？」

忙しい店内の空気を意に介さず、はにかみながら包みを開けた。台湾のカラスミに比べると随分と小さい日本のカラスミを手のひらに乗せ、鼻に近づける。目をつむり、深呼吸しながら、吸い込んだ息を大事そうに長い時間かけて吐いて行く。

眼鏡の奥の大きな瞳をキラキラ輝かせながら、こっちが恥ずかしくなるくらい長崎のカラスミを見つめ続けた。

「匂いがいいね。日本のカラスミは捕獲してすぐに処理した卵巣を使うから、鮮度がいいと聞いている。これも色が綺麗だからきっと鮮度がいいに違いない」

「ここについている印は、昔ながらの手作業の証しだよ」

「生カラスミは台湾にもあるけれども、美味しくないんだよね。これはきっと美味しいはずだ。オヤジも昔作っていたけど、この作り方を習えずに亡くなっちゃったんだ。あとでゆっくり食べてみるよ」

本当に嬉しかったのだろう。次から次へとあふれるカラスミへの思いを聞いていると、こっちまで楽しくなってくる。

日本と台湾のカラスミを食べ比べてみようと、阿祥が焼いてくれた。

日本のカラスミを一切れ食べたあと、台湾ものも食べてみた。阿祥は無言のまま噛み締める。沈黙がしばらく続いたが、ようやく口を開き、「日本の方が好きだ」と話し始めた。

「日本のものは台湾のものに比べ、押して整形せず、時間をかけて塩漬けしているから、卵の粒がしっかり残っている。塩分が強いけど、その分、味がはっきりしている」

「でも皮に油分を塗っているかもしれないね、ちょっと匂いがした」

一口食べただけでこれだけのことが分かるのだ。私も食べ比べたが、確かに食感と塩分の濃淡はそうかもしれないと感じた。だけれども、美味しさという点については、台湾の方に軍配を上げたい。台湾のカラスミに私の舌が慣れているせいかもしれない。

「台湾人はカラスミを分厚く切り、量も一度にたくさん食べる。うちの家族なんて一人1枚ずつかじるんだよ」

贅沢な食べ方で羨ましい。阿祥は首を横に振りながら、「台湾人の食べ方には風情がない」と批判を続けた。彼の美学によれば、カラスミは日本人のように薄く切ったものを二、三切れずつ味わうのが本当の食べ方であり、カラスミ本来の美味しさが引き立つのだという。

近頃の台湾では、もっとパクパクたくさん食べられるようにと、より塩分の少ないカラスミを作る傾向になってきている。だけれども、これ以上塩分濃度を下げると、カラスミがまずくなるから自分は塩分を下げるつもりはない、と阿祥は言い切る。

再び屋上に案内されると、あと4、5日で完成するカラスミが干されていた。これが今年最後のカラスミなのだという。

丸奇號でカラスミが販売されるのは、最初のカラスミが干し上がる11月末ごろから翌年の5月くらいまで。夫婦二人が手作りでできる分量しか作れないのだから、そのほとんどが安平の地元の人と、わざわざ遠方から買いにくる人でなくなってしまう。

売り切ったら店じまい。そのあとは、お店のシャッターを下し、阿祥は大好きな陶芸を楽しみ、貞燕は趣味の歌を歌う。

そう言えば、私が初めて丸奇號を訪れたのは、台南に初夏の風が舞っていた6月ごろだった。売り場のシャッターは閉められ、作業場に長机が一つ、横で数人の人たちが楽しそうに土いじりをしていた。カラスミ屋に来たのに、カラスミなんて一つもないと言われて、すごすごと店を後にしたことを思い出す。すっかりあてが外れてがっかりしたものだが、あのとき土をいじっていたのは阿祥に違いない。

カラスミを売り切ってしまったあとの日々は、自分の時間を過ごす二人……。

「没古早心《メイクーツァオシン》、就没古早味《チウメイクーツァオウェイ》（伝統の味を作るには、伝統の心が必要なんだよ）」

それまで興奮していたせいか私に合わせて中国語をしゃべっていた阿祥は、また台湾語で話し始めた。安平なまりの台湾語が、やけに懐かしく思える。

帰りに、丸奇號で作った天然のカラスミと養殖のカラスミを1枚ずつお土産に貰った。日本に帰ったら食べ比べてみて、感想を伝えにくると約束した。

手作りという手間、安平人の誇り、台南の日差し、台南の心地よい風、そのすべてがカラスミ1枚1枚に投影され、丸奇號のカラスミができあがる。

焼き上がった彼の陶芸作品はお店の中や外に飾られている。２０１３年からは土いじりに加え、音楽祭も企画するようになった。台南の安平から発信される「南吼音楽季」という台南初の野外フェスだ。

阿祥は誇らしげに言う。

「毎年3ヶ月間だけ働き、あとは好きなことを好きなだけするんだ」

手を抜かず伝統を守り抜き、自分の生活を謳歌する安平人。人生を楽しむ本当のスローライフを送っている人々がここにいる。

丸奇號《ワンチーハオ》
台南市安平区平生路67号 ☎ 06-2281683
㊂ カラスミの時期（冬至前から春節まで）
7:30 ~ 13:00（休日 18:00 まで）

台南のソウルフード——サバヒーのこと

その国、その土地には、そこに生まれた人々が幼い頃から食べ続けているソウルフードがある。日本人ならお味噌汁、アメリカ人ならハンバーガー、イタリア人ならパスタ、だろうか。台南には多くのユニークな食べ物があり、美味しいものも豊富だが、台南人にとってのソウルフードは間違いなく、冒頭でも紹介した魚の「サバヒー」だ。

サバヒーは漢字では「虱目魚」と書き、これを台湾語読みしたものだ。「サバヒー」とそのまま日本語で言えば通じてしまう。

サバやイワシ、スズキに似た魚で、頭から尻尾、内臓を含めたほとんどの部位が食べられる。台南人は、フライパンに油を敷いて焼いたり、蒸したり、煮たり、唐揚げにしたりと様々な調理方法で胃の中におさめている。

そのなかで、台南人が一番慣れ親しんでいる食べ方は、おかゆの上に、手のひら大はゆうにあるサバヒーの半身がどかんと乗っている「虱目魚肚粥」だろう。台南市内には、この料理を出すたくさんの名店がある。

市場で売られているサバヒー。台南人は頭から尻尾、内臓まで余さず食べる。

たいていの店の店内には「魚頭」「魚腸」「魚皮」などなかなか迫力のある漢字があれこれ書いてある。「魚肚」はサバヒーの腹身の意味だ。「虱目魚肚粥」のスープからは芳醇な海鮮味が香る。しかし、実は私はどうもこのサバヒーの身が苦手だ。

お醬油や唐辛子をつけて食べてみたが、どうしても生臭さを感じる。台南の人は何も感じないのだろうか？　お米とスープは完食するけれども、サバヒーは食べ残してしまう。一緒にいる台南人の友人がたいてい「なんてもったいない」とかわりに食べてくれるからいいのだが。

周囲で美味しそうに食べている人の姿を見るたびに、何故自分には美味しさがわからないのか悔しくて、何度もチャレンジしてみた。だけれども、やっぱり私の味覚に合わなかった。それに比べて、すべてのサバヒーの部位が細かくくだかれて入っている「綜合粥」はそこまで臭みがなく、まだ食べやすい。

サバヒーの半身がどかんと乗った「虱目魚肚粥」（阿堂鹹粥にて）。

魚の養殖が盛んな台南で、サバヒーの養殖面積と収穫量は台湾最大を誇るという。サバヒーは足が早い魚なので、水揚げ後はすぐ調理しなければならない。台南市内で食べられているサバヒーのほとんどは、前夜に水揚げされ、朝の早いうちに店に運ばれたものだ。台北でサバヒーを食べられる店があまりないのは、そんな理由もある。

台湾を旅していると、多くの池があることに気付く。これらの池は「魚塭《ぎょうん》」と呼ばれる魚の養殖池だ。地図を開けば、台南市の沿岸一帯は、養殖池を示す水色の四角い記号であふれている。

お店に運ばれる前のサバヒーを知りたくなって、２０１３年11月、養殖池が集中している台南の学甲という街に向かった。雨の少ない台南で珍しく雨が降っていた。学甲で私を待っていてくれたのは食品会社に勤める男性の楊展華《ヤンチャンホワ》さん。「台南で雨に出会えるのは幸運の証です」と笑っていた楊さんの会社はサバヒーの養殖を手がけている。車で学甲の市街地から10分ほどの距離にある養殖池に連れて行ってもらった。

約50メートル四方の養殖池がいくつも並んでいるなか、大型のトラックが一つの養殖池のあぜ道に横付けしていた。トラックの近くに10人ほどの人だかりができていた。５人ほどが養殖池に半身をつけ、刺し網を回しながら次第に範囲を狭めつつ曳いていく。波紋一つなかった静かな水面が徐々に騒がしくなり、１匹、２匹と、サバヒーが飛び跳ねて網から逃れる。だんだんと水しぶきが激しくなり、みるみるうちに水面が真っ白となり、無数のサバヒーが網の中で飛び跳ねた。

ここで、驚くべき事態が目の前で繰り広げられた。コードが付いた長い竹竿を持ったおじさんが網に近づいていき、竿の先端を水面に「ちょんちょん」とつけた。その瞬間、サバヒーたちは水面から一斉に躍り上がり、すぐにぐったりとして元気を失った。捕獲しやすいように、高圧電流で感電させられ、サバヒーは気絶したのである。かわいそうなサバヒーたち。池のなかの人たちはゴム製の作業着を身に着けているので、もちろん元気なままだ。

サバヒーと一緒に養殖されている白蝦も大漁だった。稚魚の時期に、鳥の足などにくっついてほかの養殖池から運ばれてきた大型魚の呉郭魚《ティラピア》なども混じっている。たいていさっきの電撃で気絶していて、漁師たちが手際よく手づかみで仕分けし、籠に入れていく。

「サバヒーは臆病者でね、地震や光にもびっくりして起き上がるんだよ」

興味津々で見学している私に、作業をしているおじさんの一人がビンロウを差し出した。

サバヒーは半年の飼育期間で9割以上の生存率という養殖向きの魚だ。ただし寒さに弱く、水温が10度以下になると死んでしまうので、暖かい台南でも養殖は12月で終わりとなる。

新鮮なサバヒーはキラキラと光り輝いている。

漁師が水揚げしたサバヒーは、氷を一杯に張った巨大な容器に次々と放り込まれていく。

「トラックで高雄港に持っていくんだよ」

台南ではなく、高雄に行くのは輸出のためだ。ここ数年、サバヒーは台湾での消費用だけでなく、中国大陸に向けた輸出が盛んになっている。台湾では一斤（＝６００ｇ）30元（約１００円）で取引されるところ、中国向けは一斤40元（約１３６円）以上の値が保証され、買い取り量も決まっているので、養殖業者にとって収入の計算が立つようになった。

これまで、サバヒーは完全に買い手市場で、生産者は業者から安い値段で買いたたかれて泣かされることが多かった。中国さまさまである。

ちょっとびっくりしたのは、中国がこういう買い取りを、台湾のために特別に実施していることである。中台関係はいま、馬英九政権のもとで緊張が緩和している一方で、台湾人の中国に対する気持ちは、まだまだ複雑なところがあり、特に、台南など南部では対中感情はあまり良くない。だから、農業や漁業を担っている南部の人々に中国の「善意」を感じてもらうために、優遇買い取り制度を設けているのだという。

中国はしたたかで、やっぱりあなどれない！　日本にも見習ってほしいものだ。

日本人業者もサバヒーの輸入を検討するために視察に来たことがあったが、サバヒーはお腹の部分が黒く、見栄えが悪いという理由であきらめたらしい。味よりも外見を重視する日本人らしい理由だなあ、と妙に納得した。

楊さんは１９７６年の学甲生まれ。もちろん小さい時からサバヒーを食べ続けている。サバヒー好きが高じてこの仕事に就いたと思いきや、そうではなく、以前は飲料店を経営し、パールミルクティなどを売っていたという。景気が悪くなってお店を閉め、いまの仕事についた。

水揚げが行われる期間中は毎日朝5時半に養殖池に向かい、作業を見守っている。台湾人は日本人より転職を頻繁にする。もしかすると次に会う時は別の仕事に就いているかも知れないが、朝食にサバヒーを好んで食べることはきっと変わらないだろう。

「台湾水産雑誌」という日本統治時代の資料に、サバヒーの由来について書かれていた。それによると、17世紀ごろ、台湾の養殖業はサバヒーから始まった。サバヒーの稚魚は、台湾の南部一帯に大挙して押し寄せる。その稚魚を捕獲して、養殖をするようになったらしい。この地域は海に近いこともあって地下水に多くの塩分を含んでいるので、海水魚であるサバヒーの養殖に適していたというわけだ。

銀色で背が少し黒っぽく、体長50㎝弱。ニシンよりも一回り大ぶりのサバヒーがどうして「虱目魚」と呼ばれるようになったのだろうか。

台南市内の鮮魚マーケットの魚屋さんに聞いてみた。

「昔っからみんなこう呼んでいるから理由なんて知らないよ」

変なこと聞くなよ、と言わんばかりに笑われた。確かにそうだ。鮭がなんでシャケだとか、鯉がなんでコイだとか、私も考えたことがない。

台湾語読みが定着しているサバヒーだが、中国語で「虱目魚」は「Shi Mu Yu（シームーユイ）」と発音する。

諸説ある名前の由来だが、台南の英雄、鄭成功にまつわる伝説がいちばん面白い。鄭成功が台南の鹿耳門に上陸したとき、地元の人々は土地の名産としてサバヒーを献上した。鄭成功はあまりの美味しさに感動し、覚えたての台湾語で「什麼魚《シャミヒー》？（なんの魚？）」と聞き返したのだが、発音が悪かったので周囲が鄭成功に命名してもらったと勘違いしたという。そこで「什麼《シャミ》」の発音によく似た「虱目《サバ》」が当て字として使われた、という話だ。

サバヒーを初めて見た日本人が、外見が似ている「サバ」と勘違いして「サバ魚」と呼び始めたという説もある。

また、中国大陸で「虱目」は字のイメージが悪くて嫌われるため、科挙に合格したことを意味する「狀元」を使った「狀元魚」に改名されて売られているらしい。

あるとき、サバヒーが苦手な私をみかねて、台南の友人が炭火でこんがり焼いたサバヒーを注文してくれた。見た目はサバの塩焼きに似ている。「これならいけるかも」と期待したが、やっぱりダメだった。私のサバヒー恐怖症は深刻かも知れない。

困ってしまうのは、台南に遊びに行くと、必ず地元の人からサバヒー粥を勧められることだ。朝食に、サバヒー粥をわざわざ準備してくれる民宿もあった。台南人にとって、サバヒー粥は台南を代表する食であり、遠来のお客への精一杯のおもてなしなのである。

台南人がそこまでサバヒーを好きな理由を説明するのは難しい。

日本人にとって、納豆や塩辛は小さい頃から食卓にある当たり前の食べ物だ。けれども、外国人は日本人が納豆や塩辛を美味しそうに食べるのが理解できない。

これは、その食べ物に慣れ親しんでいるから、としか説明しようがない。

台南人にとってサバヒーは、そんなソウルフードなのである。

私にはまだ「大人」過ぎる味なのかもしれない。もう少し成長し、サバヒーのうま味がわかるようになるまで、頑張ってみよう。

お店でサバヒーの頭を一心不乱にむさぼるおじいさん。市場でサバヒーを買い求めるおばちゃん。みんなサバヒーに夢中だ。

私の味覚には合わないが、台南人がサバヒーを愛する文化は大好きである。

台南と日本をつないだ日本人

台南への玄関口である台湾新幹線の台南駅を降り、台南市内に車を走らせていると、突如、右手に巨大な白亜の宮殿と複数のローマ彫刻風の石像が現れる。

周囲は見渡す限りの野原で、景色と調和しない異質な風景が広がっている。私は変に他人から興味を持たれて、まったく望んでいないのに結果的にいろいろ面倒な人間関係に巻き込まれてしまう悪いクセがあるから、普段はあまりタクシーの運転手さんに自分から積極的に話しかけない。しかし、このときだけは黙っていられず、身を乗り出して聞いた。

「これなんですか？」

「あぁ、新しくオープンする奇美博物館だよ」

台南には台湾を代表する企業が三つある。食料品店やセブン‐イレブンを経営している「統一企業」、世界一の車両部品会社である「東陽実業」、そして、この奇妙な博物館を建築した、石油化学と液晶製造で世界大手の「奇美実業」である。

奇美実業の創業者である許文龍《シュイウェンロン》さんは、芸術を好み、特にヴァイオリンをこよなく愛し、名器ストラディヴァリウスの収集家としても知られる。彼が収集した世界各国の美術品をこの白亜の館（正式名称は「台南都會公園博物館～奇美博物館新館」）に陳列し、台南から世界の文化を発信しようという考えらしい。

許さんは無類の親日家としても有名だが、勉強不熱心な私が許さんの名前をきちんと認識したのは、新營《シンイン》にある台南市政府の1階ロビーに飾られていた日本人たちの胸像を見たときだった。

胸像にはそれぞれ浜野弥四郎、後藤新平、八田与一、鳥居信平、新渡戸稲造などの名前が書かれていた。台湾に功績を残し、台湾人から慕われた日本人たちだ。彼らの胸像を、許さんが自ら製作し、台南市政府に寄贈したという。がらんとした市政府の建物の一角で不思議な存在感を醸し出している。これは一体なんなのだろうかと、私は吸い寄せられた。

八田与一

胸像の日本人のなかで、私に唯一なじみがあったのが八田与一だった。

ここ15年ほど、舞台、映画、ドラマ、ナレーション、朗読などいろいろな仕事を、関心とオファーの命ずるままに経験してきたが、アニメの吹き替えも一度だけやったことがある。

２００８年に公開された「パッテンライ!!—南の島の水ものがたり—」というアニメーション映画で、主人公八田与一の妻・八田外代樹の声を演じた。おまけに日本の童謡で「からたちの花が咲いたよ〜♪」と苦手な歌まで歌わせてもらった。妹が歌手なので姉も歌がうまいと誤解されることが多いが、私は「超」がつく音痴なのだ。

タイトルの「パッテンライ」とは、漢字で「八田来（八田がやってくる）」と書く。それを台湾語読みしたものだ。主人公の八田与一は、今から約１００年前の１９１０年、台湾に渡り、東洋一の大きさを誇る烏山頭ダムを建設した技術者だ。アニメは日台で多くの人に八田与一の偉業を知ってもらうために企画され、アニメ製作会社「虫プロダクション」が製作した。

ただ、台湾の知人に聞けば、ほとんどの人がすでに八田与一のことを知っていた。小中学の教科書にもその功績が紹介されている。

例えば小学校3年生の社会科教科書では、「對家鄉有幫助的人—八田與一（郷土を助けてくれた人—八田与一）」という一つの章を使って取り上げている。

書き出しはこうだ。

「現在我們只要水龍頭一打開，就有水可用，又有豊富的米糧可食用，應該感謝烏山頭水庫的設計者—八田與一。因為我們嘉南地區的民生用水，工業用水，灌漑用水，皆來自烏山頭水庫」（現在私たちが水道の蛇口を開けば水が出るのも、豊富な米が食べられるのも、全部烏山頭ダムの設計者—八田与一のお蔭であり、感謝しなければならない。何故なら、私たち嘉南地区で使っている家庭用水、工業用水、灌漑用水の全てが烏山頭ダムからきているからだ）

嘉義と台南の地域一帯には、約4500平方㎞の平野（嘉南平原）が広がっている。いまは見渡す限り緑に包まれ、肥沃な農地にしか見えないが、かつては不毛の土地だった。

夏は多雨、冬は乾燥という両極端な気候。河川では灌漑に十分な水量を得られず、飲料水にも困るこの地に住む人々の悩みを解決しようと、八田与一が音頭を取ってダム建設に乗り出した。

10年を費やす難工事の末1930年に完成したダムは嘉南平原を潤し、水路は総延長1万6000㎞にも達した。旱魃に苦しんできた嘉南平原一帯は台湾最大の穀倉地帯に生まれ変わり、農民は安心して生活を送れるようになったのだ。

八田与一は烏山頭ダム建設後の1942年5月8日、フィリピンに向うために乗りこんだ輸送船が、アメリカ軍の潜水艦により撃沈され、悲運の死を遂げてしまう。妻・外代樹は終戦後、幼い子供たちを残し、夫の造ったダムに身を投げた。遺書を残していないので外代樹の気持ちは想像するしかないが、夫が大切にした台湾とダムから離れたくなかったとしか思えない。

烏山頭ダムを2014年1月に訪れた。台湾新幹線の台南駅からレンタカーを借り、高速を走っておよそ30分。走っていると「八田路」という名前の道を通り、目の前に現れたダムは「烏山頭水庫風景区」の一角に位置していた。

波紋がひとつも見えない水面のせいか、湖の回りだけ時が止まっているように見えた。ダムをよく見下ろせる場所に八田与一の銅像があり、すぐ後ろには夫妻の墓碑がある。八田与一の命日である5月8日には、毎年多くの台湾人と日本人が集まり、慰霊祭が行なわれている。

2011年には、八田与一記念公園が完成した。八田与一が烏山頭ダムを建設する際に、外代樹や子供たちと一緒に暮らした住居をはじめ、工事に携わった人々が暮らした日本式木造家屋の官舎を含めた計4棟を復元してあり、なかに入って見学もできる。

100年前の木造家屋の復元には、台湾ヒノキが使用された。日本からも古い建材が運ばれ、日本と台湾の建築スタッフが力を合わせて完成させたという。

八田与一が生活をしていた家に入り、純和風の部屋をいくつも

ダムを見下ろせるように置かれた八田与一の像。

抜けると、急に天井が高くなり、洋館を彷彿させる空間に出る。八田与一が仕事場として使っていた部屋で、後に増築したものだとされているが、モダンな造りになっていた。

八田与一はいまも多くの人々に影響を与え続けている。２０１４年に台湾で公開された映画「KANO」は、戦前、台湾代表として甲子園に出場し準優勝した嘉義農林学校を描いた物語だが、同時期に台湾で活躍した日本人として八田与一も登場している。これにより、記念公園を訪れる人がさらに増えた。八田与一夫妻の出身地である石川県金沢市と台南市の間には、友好交流協定も結ばれており、活発な民間交流が続けられている。

八田与一のように、世界に飛び出し異国の地で大きな仕事を成し遂げ、現地で愛され、有名になっている日本人はいったいどれくらいいるのだろうか。実は知らないだけで、結構多いのかもしれない。

「いまの生活があるのは、みんな八田与一のおかげだ」

烏山頭ダムからほど近い後壁という農村で出会った農家のおじさんたちが私を日本人だと知ると、口を揃えてこんな風に語った。

八田与一が人生の大半を過ごした台南では、八田与一のことが脈々と語り継がれている。静かな湖面を前に耳を澄ませば、八田与一と外代樹の笑い声が湖の底から聞こえてきそうな気がした。

浜野弥四郎
許さんが製作した10人の日本人胸像のうち、全く聞き覚えのない日本人の名前があった。

台南の上下水道を整備した衛生工学技師「浜野弥四郎」という人物だ。

１８６９年生まれの浜野弥四郎は、27歳で台湾の地を踏み、後に八田与一の上司として一緒に仕事をした。１８９５年に日本の統治下になったばかりの台湾は、コレラ、マラリア、ペストが蔓延し、総督府が置かれていた台北でさえも、糞尿のにおいが立ちこめる衛生状態だった。台湾人の平均寿命は40歳足らず。いかに劣悪な環境だったか想像できる。

台湾の惨状を目の当たりにした浜野弥四郎は、衛生環境を改善しなければと思い、険しい野山に入って水源地調査を行い、主要都市の上下水道整備に取りかかった。

23年の台湾在住期間内に、当時の東京にも見られなかった先進的な貯水池や上下水道設備を台北、基隆、台中などの主要都市に造り、最後に手がけたのが台南市山上区に造った「台南水道」だった。

１９２２年に竣工した台南水道は、当時の最新技術である急速濾過法を採用した浄水場であり、飲料水不足に悩まされていた台南市民の問題を解決したとされている。

台南水道は１９８２年に役割を終え、敷地内に併設されていた日本人専用のゴルフ場を含め、現在は国定史跡として保存されていると知り、見学に行くことにした。

ところが、場所を探すのに苦労した。台湾の知人に浜野弥四郎のことを聞いても、誰一人知っている人はいなかった。タクシーの運転手さんに台南水道に行きたいと伝えても、全くわからなかったくらいだ。

住所だけを頼りに台南市の中心から車を走らせること約1時間。両端にヤシの木が規則正しく並ぶ小道の入り口に、よく見ていなければ見落としてしまうほどの小さな「台南給水廠山上浄水場」という標識を見つけた。

　道の奥には予想以上に広い敷地が広がり、レンガ造りの建物と深緑のコントラストがまぶしく、無言でたたずむ浄水場と相まって、一幅の絵画のように感じられた。

　建物のなかの発電室や濾過池などは、しっかりと保存されていて、稼働していないのが不思議なくらい生き生きとして見えた。

　八田与一同様に長期間台湾に滞在し、多くの業績を残した浜野弥四郎。台湾の人々は確かにその恩恵を受けたはずなのに、その扱いは大きく違う。「台灣嘉南農田水利會」の鍾美貞《チョンメイチョン》さんによれば、当時、上水道を利用できたのは、ごく限られた裕福な人たちで、一般の人々は井戸や河川より水を汲み上げ、飲用したり体を洗ったりしていた。だから、浜野弥四郎が整備した上水道の存在を認識している人がそれほどおらず、八田与一ほど知名度が上がらなかった、ということらしい。

　烏山頭ダムもいいが、建造物としては台南水道の方が風情を感じられる。あの火曜サスペンス劇場などのテレビドラマによく登場する、京都の南禅寺にあるレンガ積みの巨大な水路閣に似た風景なので、ドラマのロケ地に使ったらなかなかすてきだろうな、と勝手に思っている。

　浜野弥四郎は後の仕事を八田与一に託し、日本へ帰国した。八田与一の活躍を見れば、師匠の願いは十分に叶えられたと言えるだろう。

羽鳥又男

八田与一が台南の農村のヒーローだとしたら、台南の都市部の人々がヒーローだと慕い、尊敬している人物が、日本統治時代の台南市で最後の市長となった「羽鳥又男」だ。

羽鳥市長と台南の繋がりを知るには、羽鳥市長の銅像がある「赤崁樓」に行くのがいい。

赤崁樓は１６５３年にオランダ人が建設した城で、当初「プロヴィンティア城」、または「紅毛城」と呼ばれていた。その後、鄭成功がオランダ人を駆逐し、台湾統治の拠点とした。台湾の歴史を語るのになくてはならない重要な建造物だ。

いまでは国家一級古蹟に指定され、台南を代表する観光地となっている赤崁樓だが、１９４２年4月に羽鳥又男が台南市長に就任した際、度重なる地震や台風により倒壊しかねないほど老朽化が進んでいた。そこで羽鳥市長は戦時下にも関わらず、周囲の反対を押し切って一年以上の時間と莫大な経費をかけ、赤崁樓の修復を行なった。

赤崁樓内に展示されている「赤崁樓修復記」と題された石碑には、「工事発行者」の名前に羽鳥又男と記されている。

孔子廟の南門路の入り口そばには、羽鳥市長が書いた「台南孔子廟」の石碑がある。老朽化した孔子廟の外観を修理し、毎年9月28日の孔子生誕日に伝統様式にのっとり行なわれる祭礼の保存を呼びかけたのは羽鳥市長だった。

孔子廟と赤崁樓だけでなく、台南駅の北側にある開元寺の、１６９５年に鋳造された台湾最古の釣鐘「古鐘」の保存にも羽鳥市長は全力を尽くした。戦争末期に鉄や銅が不足したなか、直径1m以上、重さ約1tもあるこの鐘が軍需物資として供出の対象になり、いったんは運び出されたが、羽鳥市長が直ちに寺に送り返すよう命じたため、鐘が守られたというわけだ。

日本統治時代の末期、日本政府は台湾人の皇民化運動の一環として、台湾人の日本名への改名や和服の着用、日本語を使うことを奨励し続けた。そんな流れに逆行し、台湾人の歴史的遺物や文物を重要視し、台湾人の信仰やアイデンティティを尊重した羽鳥市長。台南市長の在任期間は3年間と決して長くないが、文化財保護への貢献は大きかった。

羽鳥市長は在任期間中、毎日時間を割いて市内を自ら歩き、意欲的に市民と触れ合い、現場の意見を聞き入れたそうだ。台北に比べ、衛生環境が悪かった台南の下町で清掃コンクールを行って、飛躍的に環境を改善させたこともあった。

現地に暮らす人々に寄り添う市長の人物像が思いおこされる。羽鳥市長なくして今日の赤崁楼はなく、今日の孔子廟もないと言うこともできる。

新聞記事によると、2005年に羽鳥市長の三男・羽鳥直之さんが台南を訪れ、対面を果した当時の台南市長・許添財《シュイティエンツァイ》さんから感謝の意が述べられた。

いまの台南を代表する古蹟にこんなにも深く関わっていた羽鳥市長のことを、もっと我々日本人は知っていてもいい。

浜田弥兵衛

八田与一たちより古くから台南とつながり、台南のみならず、台湾全体の歴史を動かしてきた

「すごい日本人」がいる。

台南の郷土史をひもとくのに、格好の教科書として私が愛用している『台南市読本』という本がある。これによると、最も早く台南と関係を持った日本人は、いまから約４００年も遡った時代に活躍した「浜田弥兵衛」という人物だった。

日本はどうして日本と呼ばれるようになったのか、誰もが一度は考えたことがあるだろう。では、台湾はどうして、台湾と呼ばれるようになったのか。

台湾が世界史に登場するのは大航海時代の16世紀だ。それ以前も先住民族や一部の漢人は暮らしていたが、誰も気にかけない太平洋の片すみに浮かぶ一つの島に過ぎなかった。

船に乗って台湾に近づいたポルトガル人が、緑に囲まれた台湾を発見し、「Ilha Formosa!（イラ・フォルモサ!）」と叫んで称賛した、と言われる。１５４４年のことだ。ポルトガル語でイラとは島、フォルモサは麗しいという意味だ。

空港の免税品店では「フォルモサ」のロゴの入った袋が使われ、台湾にはフォルモサの入った店名も多い。「麗しき島」は台湾の代名詞として定着している。

日本の戦国時代のころから、台湾北部の鶏籠（基隆）や南部の打鼓（高雄）あたりを停泊地として交易を行う日本人グループがいたとされる。明の時代になると、中国人は台湾と琉球（沖縄）を区別するようになり、琉球を大琉球、台湾を小琉球とそれぞれ呼ぶようになった。

この時期に「タイワン」という名称がようやく登場してくる。台南付近に居住していた先住民族の西拉雅《シラヤ》族が、外来者あるいは客人を「タイアン」（Taian）、または「ターヤン」（Tayan）と呼んでいた。初めて出会った漢民族を、「タイアン」と呼び、それがなまって「タイワン」あるいは「タイオワン」となったというのが有名な説の一つだ。

1624年、オランダ人は台南を支配下に収めた。オランダ人は、台湾に住む外国人や出入りする船舶から10％の関税を取り立てる措置に出たため、オランダ人に反抗する「タイオワン事件」が起きた。

この事件の主役が浜田弥兵衛だった。オランダの要求に中国人は応じたが、日本人は承服せず、1625年、朱印船の船長である浜田弥兵衛は関税の納入を拒否した。

浜田弥兵衛率いる一団はオランダ人が安平に築いた要塞のゼーランディア城を急襲し、当時のオランダの台湾長官ピーテル・ノイツを拘束し、その息子まで人質として日本に連行してしまったのだ。この事件は、一時的に日本とオランダの貿易を中断させたが、最後はオランダの譲歩によって関税は撤回された。

昭和に入ってから、ある日本人が浜田弥兵衛の子孫に面会してまとめた資料には、当時の襲撃の様子が「安平討入り」のイラスト付きで、以下のように詳しく描かれている。

傲慢なノイツの態度に腹を立てた浜田弥兵衛は大喝一声した。

「貴様等はよくも我々日本人を侮辱したな、今こそ日本人の大和魂を見せてやるのだ。この日本刀の切れ味が分るか」

オランダ人の発砲にもひるまず、「もう一度射ってみよ、ノイツの首はないぞ。命が惜しかったら射撃を止めさせろ」と迫ったという。

舞台の台本のような書き方に魅せられ、いまより遥か遠い時代の話なのに、まるでその場で見ている気分になった。

この資料では、日本人の武士道精神を海外で発揮したことが、日本男児の意気を海外に知らしめることになった「快事」として、おおいに称賛されている。そういう時代だったのだろう。日本統治時代の1930年にはゼーランディア城前に「浜田弥兵衛武勇の碑」が建てられた。

台湾は清朝時代まで中国から辺境の地と見なされ、ほとんど誰も相手にしていなかった。ところが緑豊かで資源が豊富だということがわかると、こんどは多くの国が支配を狙った。上陸場所として狙われたのが台南の安平であり、様々な台湾の物語がここから始まっている。

「台湾を理解したいのなら、安平を理解しなければならない。なぜなら、台湾の歴史は安平から始まっているのだから」

台南人と話す度に、こんな風に教えられる。浜田弥兵衛の存在は、安平と日本を結びつける物語をいまに伝えるものだ。時代劇「南方開拓者・浜田弥兵衛」や「怪傑・浜田弥兵衛物語」として映画化すれば、ヒットするのではないだろうか。

第三章
受け継がれる台南の心

台南北部の旅――無米楽と関子嶺温泉

無米楽《ウーミーロー》

「無米楽に行きなよ」

台南で何人もの人に勧められた。

「無米楽ってどこ?」と聞き返すと、そんなことも知らないのかと笑われた。

無米楽は土地の名前ではない。２００５年に公開された台湾のドキュメンタリー映画のタイトルだ。台南北部後壁区に、映画の舞台となった「菁寮《チンリアオ》」という街がある。そこで働く農家の人々のライフスタイルを評して、無米楽といったのである。

「無米楽」は台湾語で「ボービーロー」と読み、「米がなくても楽しく暮らせる」という意味で使われてきた言葉だった。そこには、不作でも大丈夫、台風がきてもへこたれない、というケセラセラ、セラヴィ的な意味が込められている。

農家に米がなければ生活できない。「米が無くても楽しい」とは、いったいどういうことだろうか。好奇心が刺激され、映画「無米楽」のＤＶＤを取り寄せた。

舞台となった菁寮は地図で見る限り、半径５００ｍの円に収まってしまうくらいの小さな街だ。

映画にはそこに暮らす4組の稲作農家のおじいさんたちが登場する。朝起きて、路傍の道教神「玉皇大帝」にお線香を上げ、日本語の歌を朗々と歌い上げながら田んぼを耕していく。

水牛と一緒に雨の日も風の日も田んぼに向う。苗作りに田起こし、田植え、農薬散布、肥料撒き、稲刈りと農家に休みはない。のどかな農村風景をバックに、自然と向き合い、純朴に生きている人々の日々が、淡々と画面に流れる。

「ちいちいぱっぱ　ちいぱっぱ　雀の学校の先生は～」

おじいさんたちは台湾語を話し、日本語の歌を歌う。2年かけて撮った映画は話題を呼び、菁寮は「無米楽」の街として有名になった。

映画「無米楽」の舞台となった街・菁寮。日本語を話すおじいさんやおばあさんが暮らす。

田舎暮らしの経験がない私にとって、農業は遠い存在だ。子供のころ、ご飯を残すと「お百姓さんの苦労を想像しなさい」と母親に怒られた。でも、お百姓さんの仕事について想像ができなくて困った。

冬の台南北部は、茶褐色の田畑が一面に広がる。一本道の両側に植えられている樹木には葉が1枚もない。一直線に広がる凄寥たる光景。昔、石炭で有名な中国の山西省を車で走ったときのことを思い出した。台湾のほかの土地ではあまり見かけない風景だ。

無米楽で有名になった菁寮は藍染めに使われる植物「菁仔《チンツァイ》」の産地でもあり、米よりも先に染め物で裕福になった土地だ。

その後、稲作も行うようになり、交通の便がいいことから自然と物資が集積し、清朝時代にはかなり発展を遂げた。しかし、日本統治時代に鉄道が敷かれ、交通の中心がよその場所に移ってからは衰退してしまった。

いま街に残り生活している人々はほとんどが高齢で、農業に従事している。

お米や雑穀を買い求めにやってくる人たちから「崑濱伯《クンピンポー》（コンピンおじさん）」と呼ばれている映画の主人公の一人・黄崑濱《ホワンクンピン》さんのお店を訪ねた。

黄さんは「昭和4年12月12日生まれ」と日本語でしっかりと答え、農業について饒舌に話し続けた。横にいた奥さんは無口だが、黄さんが接客で席を離れると、遠慮がちに私にやはり日本語で話しかけてきた。

「日本の教育はいい。日本人の先生がとても良かったの」

ご夫妻にとっての日本の印象はとてもいい。接客が終わった黄さんが再び戻ってきた。どこかちょっと変だが、聞いてる方が温かい気持ちになる日本語で語った。

黄さん夫妻。農業をしながら静かに暮らしている。

「わたしの心は日本人に感謝です。八田さんのダムのおかげで経済がよくなった。昔、雨が降ると水が溜まる。泥になって大変だった」

日本統治時代、日本人は台湾に近代農業を持ち込み、収穫量を飛躍的に伸ばした。大陸から渡ってきた国民党は軍人や公務員が多く、農業の専門家はほとんどいなかった。台湾人は日本時代に会得した技術を自力でさらに発展させ、八田与一が中心になって造り上げたダムによる灌漑もあって、台南を含めた嘉南平野は不毛地帯から、台湾一の穀倉地帯へと成長した。

「都会は複雑で一日いるとここが恋しくなる。田舎の生活は単純でいい。単純が一番だ」

黄さんが繰り返しつぶやく。

街には郵便局が一つしかない。大きな病院もない。学校も小学校までしかない。なんて不便なところなのかと思ったが、住んでいる人たちは気にする風もない。

30分も歩けば一周できてしまう街だけれども、200年以上も前の清朝時代の建物が残っている。伝統建築の立派な三合院が多数点在している。レンガの壁に囲まれた家庭菜園がある。どこまでも田舎の原風景が続き、時が止まっているようにも思えた。これが本当の台湾の田舎だということなのだろう。

黄さんのお店でホワイトボードの書き込みを見つけた。

「おいしいお米の条件」という文字の下に、「日照、温度、風、水が新鮮であること／お米の品種／土壌の汚染がないこと」と書かれている。

總冠軍（チャンピオン）とかかれた大きな額を前に写真を撮らせてもらった。「第四回全国稲米品質コンテスト」で1位をとった証の額だ。

田んぼの日記は日本語で毎日つけているという。80歳を超えたいまでも、農業を愛し、研究し続けている姿に感動させられる。

別れぎわ、奥さんに握手を求めたら、恥ずかしがって手をなかなか触らせてくれなかった。何度もお願いしてようやく触らせてもらった掌は、とても分厚く、温かかった。野良仕事を長年してきた人の手とは、こういうものなのだと初めて知った。ご飯を残した私を叱った母の言葉が脳裏によみがえった。

菁寮では最近、都会の若者に田植えや稲刈りの農業体験の機会を提供している。台湾の農業を危ぶんだ政府の支援も受けて製作された映画「無米楽」の効果だろう。

春夏秋冬、暑い日も寒い日も、稲のことを考えることは私には無理だけれども、シワが深く刻まれた「崑濱伯」夫婦の笑顔にもう一度会うために、今度の秋には稲刈り体験に参加しようかなと思っている。

小さな後壁駅。映画をきっかけに訪れる人が増えたという。

関子嶺温泉

私にとって、いちばん幸せな時間は「お風呂に入っているとき」。お湯に入った瞬間、疲れや嫌なことが消え去り、エネルギーが湧いてくる。私は首に持病をかかえている。ストレート・ネックというやつで、油断すると、首から肩にかけてガチガチにこわばってしまう。そんな私の持病にも温泉はとってもいい治療になる。

小さい頃、家族や親戚との旅行先はいつも温泉だった。

東京に住んでいたので、よく行ったのは近場の熱海や箱根、鬼怒川。日本に来て幼い頃からお湯に浸かる行為に慣れ親しんできたことも、温泉好きになった原因なのだろう。

台湾も日本と同じ温泉大国だ。日本の九州ほどの大きさの島の各地に100ヶ所以上の温泉が湧出し、種類も炭酸泉、海底温泉、冷泉などとバラエティに富んでいる。「無米楽」の近くには、日本の鹿児島、イタリアのシチリア島と並んで世界三大泥温泉の一つに数えられる関子嶺温泉がある。その名前は台湾全土に響き渡っているので、にぎやかな温泉街を想像していたが、実際に訪れてみると、地味さにびっくりした。

山の中腹にある温泉街で目抜き通りにそって流れる川が1本。両脇に旅館が建ち並び、木々の緑が豊かだ。どことなく栃木県の塩原温泉の雰囲気に似ている。

関子嶺最古の宿「静楽館」はかつて「吉田屋」という屋号の旅館だった。

インフォメーションセンターがある嶺頂公園を中心に、大型のリゾートホテルが建つ山の上側と、こぢんまりとした個人経営の旅館が林立する山の下側で、宿泊施設の性格がはっきり分かれている。

日本統治時代に日本人が温泉文化を持ち込み、台湾の温泉が開発された。関子嶺温泉もそのうちの一つだ。古くは先住民族の集落があった場所だが、1898年、駐屯していた日本兵が源泉を見つけたという。泉質の良さから、傷痍軍人の湯治場として使われ始め、台北近郊の北投と陽明山、南部屛東の四重渓温泉と合わせ四大温泉と呼ばれるようになった。

初日は山の上側にある儷景溫泉會館というリゾートホテルに泊

ってみた。1泊が日本円で1万5000円以上もする。ガイドブックなどでゴージャスと紹介されているだけあって、部屋は広々としていた。浴室には水を張る浴槽と温泉を入れる浴槽の二つがあり、温泉の蛇口をひねれば灰色の泥湯が優雅に流れ出る。お湯に入ると、底に泥が堆積していて、早速泥パックにトライしてみた。

スパは半露天で、泥温泉と紫色のアロマオイルバスが夜景に映える大人の空間演出。でも、ジャグジーやジェットバスはすべて冷水で、冬の夜にはとても入れたものではない。更衣室は男女一緒で床が水浸し。区民プールにきたと思えば納得しないでもないが、ここが〝高級〟スパだと言われると、ちょっと首をかしげてしまう。

台湾のリゾートホテルは頑張っているけれども、どうもその設備とサービスが発展途上にあり、いつも残念な思いをする。ここもそんなホテルの一つだった。

二日目は山の下側にある「静楽館」という関子嶺一古い旅館に泊った。源泉のすぐ近くにあり、玄関をくぐれば、大きなラブラドール・レトリバーと元気のいい若夫婦が出迎えてくれる。

ロビーにあるテレビをじっとみていたおばさんがいた。お客さんだと思っていたら、実は今年80歳になる旅館のオーナー・月菊《ユエチュイ》さんだった。私が日本から来たと分かると、流暢な日本語で話しかけてきた。

静楽館の前身は「吉田屋」という名前だった。1902年、日本人警察官だった吉田岩吉が建てた、関子嶺で最初の温泉旅館だという。月菊さんのお母さんが終戦直前に当時の金額の3000円で吉田岩吉から買い取り、現在の静楽館に繋がった。

オーナー・月菊さん。流暢な日本語で話しかけてくれる。

平屋が建ち並ぶ往年の関子嶺温泉を写した白黒写真の横に、格子戸をバックに楚々とした笑みを浮かべている少女の写真があった。

「これ、月菊さんですか？」

「そうね、とっても昔ね」

照れながら答えてくれた月菊さんの笑顔は、写真のなかの笑顔と同じだった。

小学校３年生までは日本語教育を受けてきたが、小学校４年生になると空襲ばかりで学校にも行けず、気がついたら日本が敗れて学校は中国語教育に変わっていたという。

日本統治時代から続く旅館はもう３軒しか残っていない。静楽館は幸運にも継いでくれる二男夫妻がいる。

「北海道、東京、富士山、大阪、奈良、四国全部行ったことある。台北もよく行くね」

山の上側が開発され、関子嶺は以前に比べて賑やかになったけれども、「ここは何もない」とボヤく月菊さんの顔が曇った。どうやら都会が好きらしい。だけれどもお湯はここが一番、とまた笑顔で勧めてくれた。

静楽館の部屋はすごかった。ベッドに机、テレビだけの部屋。一人入ればきつきつになってしまう浴槽はトイレと一緒。蛇口には延長ホースがつけられていた。１泊２０００元（約７０００円）なのだからぜいたくは言えない。

しかし、流れ出るお湯は80度近い源泉そのもの。泥の濃さが前の晩に泊った儷景溫泉會館とは圧倒的に違う。お湯よりも泥の方が多い感覚だ。このままだと排水溝が詰まってしまうのではないかと心配するほど、勢いよくねっとりとした泥湯が流れ出てきた。

泥湯だけで浴槽を満たし、入浴できる温度まで冷ませば、１００％の源泉に浸かることができる。実に贅沢な入り方で、滞在中、朝から晩まで浴槽とお布団の間を往復してしまった。

地元の人たちが私に入浴するよう勧めたのは、源泉に一番近い「警光山荘」だった。

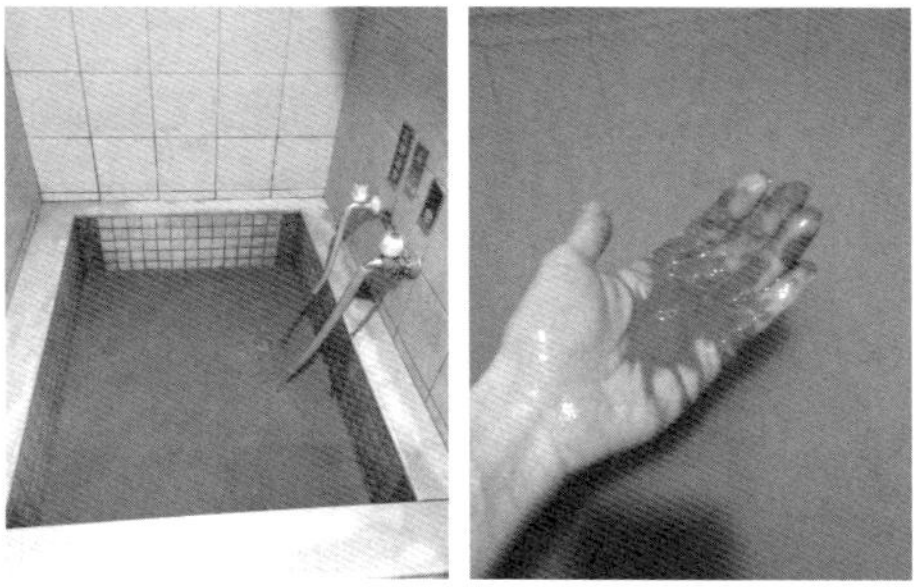

部屋は簡素そのものだが、静楽館のお湯質はとにかく泥が濃い。

警光山荘は「警」の字が入ることから分かるように、警察官のための宿泊施設だ。警察関係者でなければ泊まれないが、一般人でも2時間単位で利用できる日帰り温泉がある。

「ここは裸で入るけど大丈夫？」

日本のように裸で入浴する場所ではわざわざこう聞かれる。

台湾の温泉地に水着は必需品だ。帽子もいる。というのも、プール型の大浴場が主流なので、水着を着て入らなければいけないところが多く、帽子もかぶらないと周囲の人から注意されてしまう。温泉地ではたいてい水着を売っているので、現地調達もできる。

もともとお湯に浸かる習慣がなかったのだから、裸同士の付き合いは日本より抵抗があるのかもしれない。しかし、世界的にみれば、日本のようにあけっぴろげな方が少数派なのだろう。

壁の両側に、男女別の入り口がある。扉の向こうには地元の社交界が広がっていた。タオル、シャンプーなど一切ないので、自分で持っていく必要がある。20人も入れば一杯になる室内は、けたたましい笑い声を上げるおばさんたちで占領されている。おばさんパワーに圧倒され、46度というお湯の熱さにも驚き、膝上までの入浴が精一杯だった。

そんな私を見かねて、おばさんの一人が声をかけてきた。

「熱いと思うから入れないいんだよ。思い切って肩まで入ってしまえば大丈夫さ」

おばさんはうむを言わさず私の肩をぐっと下に押し、湯船に沈められた。

「ほら、大丈夫だろ」

いやいや、どんなに頑張っても熱いものは熱いです！　と言い返そうと思ったが、そんな余裕もない。

一糸まとわぬ姿で大の字に寝そべっている人や湯船の中で携帯チェックに余念のない人もいた。家のことや仕事のことなどしゃべりっ放しの人たちもいた。

台南の北にある嘉義から来ていた6人組のおばさんたちは、ここのお湯が気に入って、月に一度はみんなで来ているらしい。美容にいい、という特別なクリームを私の背中に塗ってくれた。チョコレートのような甘い香りで、とろみがあり、洗い流すと肌がツルツルになった。謎のクリーム。一体どんな成分なのだろう。

以前、栃木県の那須温泉にある公衆浴場「鹿の湯」に入ったときを思い出した。そこでも、湯を楽しむ人々に混じって旅の白人女性が一人いて、戸惑っていた彼女を地元のおばちゃんたちが身振り手振りで浴槽に引きずり込んでいた。

温泉街に欠かせないのはお土産屋さんと食事処だ。けれども、関子嶺温泉にはきちんとしたお土産屋さんがなく、ここは美味しいとお勧めできる食事処も少ない。山菜や猪、鶏、羊など山岳地帯で生活する先住民たちが得意としているローカル料理を出すお店が数軒あるだけだ。

今年75歳になる呉《ウー》さんが経営する「老街山産美食」はその一軒だ。人がよさそうな呉さんの笑顔につられて入った。「蜂の子の卵焼き」という料理にチャレンジしたが、特に美味しいということはなく、拍子抜けした。本当は、土製の甕で調理する鶏丸ごと一羽の蒸し焼きがお店のお勧めらしいが、大人数でないと食べ切れないので断念した。

関子嶺には、「水火同源」という観光スポットがある。岩壁より噴き出す天然ガスの炎が燃え続け、炎のすぐ横に水が湧き出ている。水と火が同居している不思議な光景だ。

小さなお土産屋さんを兼ねた食堂があり、美味しそうな大学イモが売られていた。80歳になるおばあさんがいて、話しかけた。店を構えて50年以上が経つという。昔は日本の大きな石油会社が経営する油井が近くにあり、この辺りの人はみんなそこに勤めていた。このこともおばあさんが日本語で教えてくれた。

3年前、当時石油会社で仲良くしていた日本人にどうしても会いたくて新潟を訪れたが、住所不明で探し当てられなかった、という話を何度も繰り返した。好きな人だったのかも。かわりに探してあげたくなった。話を聞いてもらってうれしかったのか、帰ろうとする私に、出来立てホ

日本が温泉文化を持ち込んで開発された関子嶺温泉は、そこかしこに古き日本を感じさせる風景が残っている。

ヤホヤの大学イモをサービスで持たせてくれた。

「あの人どうしているかしら　噂をきけば～♪」

小林幸子の名曲「おもいで酒」が耳に飛び込んできた。ホテルの駐車場のスピーカーや食堂のラジオから日本の演歌が普通に流れてくる。日本語世代のおじいさん、おばあさんが普通に生活をしている姿に出会うことができる。関子嶺温泉一帯には、「日本」を感じさせる人や風景がたくさん残っていた。

儷景温泉會館《リーチンウェンチュワンホワイコワン》
台南市白河区関子嶺 61-5 号 ☎ 06-6822588
http://reikei.com.tw

静楽館《チンローコワン》
台南市白河区関子嶺 17 号 ☎ 06-6822678

警光山荘《チンコワンシャンチョワン》
台南市白河区関子嶺 16 号 ☎ 06-6822626
入浴時間 8:00～21:00（12:30～14:00 は清掃時間）
http://www.tnpd.gov.tw/mvop

老街山産美食《ラオチエシャンチャンメイシー》
台南市白河区関子嶺 18 号 ☎ 06-6823369
㋮ 平日 11:00～22:00 土日 10:30～22:00
http://066823369.tw.tranews.com

野外大宴会は食文化の粋

台湾映画の大好きな一本に、２０１３年に大ヒットした「總舗師《ゾンポーサイ》（祝宴！シェフ）」がある。同年の東京国際映画祭でも招待作品として上映され、２０１４年11月には日本公開が決まっている。笑いと涙にあふれ、いかにも台湾らしいテーマを描いた傑作だ。

總舗師とは、台湾独特の飲食文化である「辦桌《バントー》」を取り仕切る料理長のことを指す。「辦桌」を直訳すれば「食事でもてなす」という意味になる。その名前通り、もてなし好きな台湾人が、結婚式のようなお祝い事や宗教の行事、忘年会、選挙などの大きなイベントがあると、親戚や友だちをこぞって招き、盛大な宴席をもうけることだ。

結婚式の披露宴を想像してもらえばいいかもしれない。それを、もっと大きな規模で、しかも、野外で行うのである。

廟の前の広場や学校の校庭、そして、道路を使ってしまうことも多い。使用許可をちゃんと取っているかどうか疑問だが、道端などにテントを張り、円卓を並べ、その場で作られた料理が運ばれれば、たちまち宴会場が出来上がる。

お花見の上野公園に、ブルーシートではなく、円卓を並べてみんなで中華料理を食べるようなイメージだろうか。そのばかばかしいほどの盛大さは、実際に見てみなければ実感できないかもしれない。

辦桌は、中国の宋の時代から始まった風習といわれ、清朝時代に台湾に持ち込まれた。もとはお金持ちが料理人を家に呼び、来客にご馳走を振る舞うだけだったが、日本統治時代から徐々に農村地帯にも広がり、台湾を代表する食文化として定着した。

映画「總舗師」は、かつて台湾で三大總舗師の一人に数えられた名料理人を父に持つ娘が、總舗師の世界に足を踏み入れ、亡くなった父のかわりに、一家の復活を目指して苦闘するストーリーとなっている。

ライバルの總舗師たちが次々と料理を作りだす「辦桌コンテスト」のシーンがクライマックスだ。そこに出てくる料理がすごい。

豚の胃に鶏一羽を詰め、鶏の中にはスッポンが入っている「鶏仔豬肚鼈《チーツァイチュートゥーピエ》」。

タケノコと干し貝柱の蒸しものを包んだ卵焼きの黄色が鮮やかな「菊花筍糸干貝《チュイホワスンスーカンペイ》」。

鰻の骨を抜き取り、その間に野菜を詰めた「換骨通心鰻《ホワンクートンシンマン》」。

見たこともない手の込んだ料理が紹介され、思わず生唾を飲み込む。そうかと思えば、「蕃茄《ファンチエ》炒蛋《チャオタン》」のようなトマトと卵を炒めただけの簡単な台湾の家庭料理も登場し、映画館で見ているうちにお腹がグーグーと鳴り始めた。

この映画のロケ地のほとんどが台南だったことを、最近知った。

台南は廟が多い。廟に祭られている神様の生誕日にはイベントが開かれ、辦桌も行なわれる。台南は辦桌文化の中心地だ。總舗師に会って、辦桌料理を食べたい。どうすればいいか、知り合

眞祺樂

「凌霄寶殿武龍宮」主催の辦桌の様子（右頁も）。總舗師・邵義卿さんのテントでは 80 卓 800 人以上分の宴会料理が巨大な中華鍋で次々と作られた。

いの台南市の議員さんに相談することにした。

辦桌には人が集まり、人が集まるところに議員は現れる。辦桌の開催情報については、議員に聞くのがいちばん早いと思ったからだ。相談に乗ってくれたのは、郭國文《クオクオウェン》さんという民進党の議員。郭さんにお願いすると、あっというまに「凌《リン》霄寶殿《シアオパオティエン》武龍宮《ウーロンコン》」という台南市内の廟の主催で、大型の辦卓が催されるという情報を教えてくれた。

凌霄寶殿武龍宮はかなり大きな廟だった。金色のレリーフに照明があたり、夜空にひときわ、豪華絢爛な輝きを放っている。台南の廟はとにかく派手だ。広場には、無数の円卓が並んでいた。映画のシーンとそっくりで、小躍りしたくなるほど嬉しくなった。

テーブルセッティングをするおばさん、椅子を運ぶおじさん、ビールを運ぶお兄さん、特設ステージで歌のリハーサルをするお姉さん。

いちいちカメラに収めながら、慌ただしく動き回る人々の間をすり抜け、廟のてっぺんの階にエレベーターで登った。

本当に映画のセットに見えるほど現実ばなれした光景だ。

ファインダーを覗くと、眼下に広がる円卓が一回り小さくなり、金色のテーブルクロスと赤い円卓の配色で、おままごとの家具のように見えた。

台南の永康区にある凌霄寶殿武龍宮は、玄天上帝を祭っている。廟の規模は集まる信徒の寄付によって決まる。いままで台南で見た廟の中では、間違いなく上位に入る豪華さだ。前日の玄天上帝生誕日には誕生祭が行なわれ、この日は廟の関係者と近隣住民を招いた辦桌が開かれる。

青空の下で繰り広げられる大宴会。一卓10人なのでもうすぐここに1500人以上の人が集まる計算だ。しかも全員無料だという。地域社会をまとめる廟のパワーには目を見張るものがある。

1500人分の宴会料理を作る總舗師はどこにいるのだろう。

ゴトゴト、ジャー、カチャカチャ、トントントントン……。

話し声とともに、調理器具がぶつかりあう音が聞こえる。廟の近くに、大きなテントを二つ見つけた。なかには白い帽子を被り、赤い前掛けをした人たちがいた。揚げ物の香ばしいにおいにつられて近づくと、いくつも並んだ巨大な中華鍋が油で満たされ、豚足が次々と投入されている光景が、目に飛びこんできた。

ジュッ、パチパチパチ、ジュワー！　近寄って写真を撮ろうとしたら、容赦なく油が飛び跳ねてきた。モクモクと煙が上がっている蒸し器は、私の身長を軽く越え、２ｍ以上の高さに達する。蓋が開くと、無数の口を開けた魚が所狭しと並び、食卓に運ばれるのを待っていた。

「盛りつけ開始だ」

「あと27分」

「あっちにはない、こっちを使え」

全体を見回しながら、的確な指示を出しているのが、「總舗師」の邵義卿《シャオイーチン》さんだった。丸顔の垂れ目で見るからに優しそうな人だ。

「今日のメニューはここに書いてあるよ」

猪脚炒壽麵《チューチアオチャオショウミエン》（豚足素麺）　新鮮水果盤《シンシエンショイクオパン》（フルーツ盛り合わせ）
賜喜大拼盤《スーシーターピンパン》（前菜盛り合わせ）　蒜蓉蒸草蝦《ソワンロンチョンツァオシア》（ガーリック蒸し蝦）
魚翅燉土鶏《ユイチートウントウーチー》（フカのひれと地鶏蒸し）　陶板焼帯子《タオパンシャオタイツー》（ホタテの陶板焼き）
清蒸活石斑《チンチョンフオシーパン》（蒸したイシモチ）　黄金薯燉品《ホワンチンシュートウンピン》（サツマイモのスープ）
米糕雙拼盤《ミーカオショワンピンパン》（おこわ２種）　精緻冰甜品《チンチーピンティエンピン》（スペシャルデザート）

ピンク色の紙に10品の料理名が印字されていた。メニューは依頼人の予算で決まる。今夜の料理はそこまで高級ではないらしいが、どれも十分に美味しそう。邵さんは約80卓近く請け負ったというから、８００人分以上の食材がこのテント内で調理されていくことになる。

辦桌は毎日あるものではない。台南市新市区で本業はサバヒーの料理店を開いている邵さんは、辦桌の依頼があるとこうやって出張し、料理を作っている。

副業の割には手際がいい。スタッフとの息がピッタリだ。それもそのはず、一緒に働いている人はみんな身内だった。

玄天上帝生誕祭にちなむという辦桌には関係者、近隣住民が1500人以上招かれた。

6人いる子供のうち、手の空いている者は手伝いにかりだされる。今日はそのうちの4人に加え、娘のお婿さんまで出動していた。

「家族で作る家庭料理の延長だよ」

準備が一段落した邵さんが言う。揚げたての豚足に目が釘付けになった。豚足は大好物だ。ゼラチンが特にたまらない。食べたそうにしている私に気づいた邵さんの

四女が、包丁でざくっと切りだした大きな一切れを差し出してくれた。煮込んだ豚足を最後に揚げた料理だった。外がぱりっとしていて、なかがホクホクでとろけそうなくらい柔らかい。しかも脂っぽくない。あまりにも美味しいので、「もっと」とおねだりしたら、笑いながらまた切ってくれた。

もう一つのテントものぞいてみた。こちらは全員、白の料理人服に身を包んだ人たちが、やや暇そうに立っていた。もう料理の仕込みは全て終わった感じだ。

テントの外にいた年配の人に声をかけると、劉士誠《リウシーチョン》さんという總舗師だった。高雄市の「内《ネイ》門《メン》」という地域から出張してきたという。こちらも80卓近くを請け負い、12品の料理を作る。

二人の總舗師がいくつかのメニューを分担しているのかと思っていたが、そうではなく、それぞれ依頼された円卓の数だけ料理を作るのだ。

よく見れば、円卓の上に載せられた食器やいすのカバーが2種類ある。辦桌で使われる調理器具、テント、什器類は全て専門のレンタル業者に委託するため、總舗師ごとに違うのだ。

もともと台南の農村では、家の調理器具や食器を持ち寄り、そこに身一つの總舗師が現れ、料理を作ってきた。辦桌産業が盛んになる1970年代に入り、辦桌に付随する一切を提供する業者が總舗師の下につき、オールインワン式に料理を提供する今日の型が定着した。

一つの辦桌で、自分以外の總舗師がいて、料理が比較されることは嫌ではないのだろうか。

「別に関係ないね。いつも通りやるだけだよ」

劉さんはタバコをふかしながら余裕たっぷりに答えた。でも、視線はちらちらともう一つのテントに向けられている。言葉とうらはらに、もう一人の總舗師を気にしているようにも思えた。

劉さんの出身地・内門は、台湾で最も多くの總舗師がいる地域として知られている。最盛期には100人以上いて、今は半分の50人ほどに減ったというが、劉さんには内門出身というプライドもあるのかも知れない。

和気あいあいとした雰囲気の邵さんのテントに比べたら、こちらはプロの集団という空気がみなぎっていて、部外者の私は邪魔をしているようで味見も遠慮してしまった。

夜7時を過ぎると、全ての円卓がお客さんで埋め尽くされていた。席が足りなくて、円卓の増設をするほどの盛況だ。

二つのテントから次々とワゴンで料理が運び出されていく。

さっき試食した豚足も焼きそばと一緒に円卓に並んだ。あっという間にどのお皿も空になる。会場のステージでは、美人シンガーが台湾語で歌を歌っていたが、みんな料理に集中していてほとんど誰も聴いていない。中華料理は大人数で食べる方が美味しいというが、このときほどそのことを実感させられたことはない。


台南の街を歩いていると、お店の軒先によくゴロンとたてかけられた円卓を見かける。これまで気にしていなかったが、辦桌用の円卓だった。いつでも辦桌ができるよう、お店でも個人宅でも円卓を持っているところが多いとか。

台北のような都市部では大きな広場が少なくなり、道路を封鎖することも難しく、自然と辦桌が大分減っているが、廟の多い南部では、廟主催の辦桌が盛んに行なわれ、出くわすことも珍しくない。

2009年の台北デフリンピック（4年おきに開かれる聴覚障害者の国際競技大会）では、直前まで試合会場だった台北スタジアムで閉会式に辦桌が催された。360の円卓に4000人分の料理が運ばれ、世界の人々を驚かせた。

食を大事にし、食で人と人が繋がってきた台湾社会の縮図を辦桌からは感じることができる。いま私たちが食べている台湾料理の多くは、辦桌から生まれたと言われている。台湾料理の原型とも言える辦桌は、これからも台南、そして台湾を代表する食文化としてずっと残り続けてほしい。

四方八方に飛び散る花火。台湾一危険でクレイジーな祭り「鹽水蜂炮」。毎年、新年最初の満月にあたる元宵節に行われる。

台湾一の奇祭

巨大な発射台から打ち出される無数のロケット花火がうなりをあげながら私に向かってくる。

フルフェイスのヘルメットを被り、長袖、長ズボンに軍手をはめた完全装備で「迎え撃つ」のだが、ロケット花火が体にあたると、衝撃が体を貫き、ずきずきと痛む。

台南には、台湾一危険とされるクレイジーなお祭りがある。それが「鹽《イエン》水《ショイ》蜂《フォン》炮《パオ》」だ。

その危なさは、台湾全土に知れ渡っている。知り合いに行くと言うと「全身火傷になる」「耳が聞こえなくなる」

「目が見えなくなる」「アザだらけになる」などとさんざん脅かされた。しかし、「そんな危険なお祭りなら見てみたい」と好奇心に負けてしまい、止めてくれた知人には「この顔で会えるのも今回が最後かもね」と冗談を言い残して出発した。

日本の危ないお祭りと言えば大阪の「岸和田だんじり祭」や長野の「御柱祭」などが有名だが、どれも地元の人々が参加し、外部の人は見て楽しむ。この鹽水蜂炮のように誰でも参加できる危険なお祭りは日本にはないだろう。だから参加者は保険に入ることを主催者に求められる。

鹽水蜂炮は毎年、新年最初の満月にあたる元宵節に行われる。２０１４年の元宵節は日本がチョコレートで浮かれているバレンタイン・デーの2月14日だった。

お祭りが行われる台南北部の鹽水地区は人口２万５０００人足らずの小さな街で、普段は特に用事もなければ観光客も立ち寄らない。けれども、鹽水蜂炮の日だけは、外地から30万人以上の人が集まり、夜明けまで爆竹音が鳴り響き、ロケット花火が飛び交う不夜城に変身する。

夕方から会場周辺で交通規制が始まり、ヘルメット姿の人たちで通りは占拠され、街は臨戦態勢に入る。テレビ中継の記者が早口の現場中継を始め、消防車、救急車も各所にスタンバイした。なにかが起きそうな雰囲気がじわじわと高まる。

お祭りについて説明すると、

「ロケット花火を満載した大型の発射台から、街中を練り歩く御神輿《おみこし》めがけて発射する」

となる。これだけならさほど問題はないのだが、ロケット花火に当たれば厄落としのご利益があるということで、参加者自らが競って花火のなかに突っ込んでいくからすごい。

御神輿の出発地点は街の中心にある鹽水武廟。ここから担ぎ出された御神輿はいくつかのルートに分かれて移動し、玄関に赤い提灯を吊り下げている家の前で立ち止まる。赤い提灯がロケット発射台のある家の合図だ。

発射台に点火する前にまず紙が燃やされ、発射予告の爆竹が鳴らされる。この間になるべく前の方を陣取れるよう、ぐいぐいと進むことが大事だ。

各発射台には準備した者の創意工夫が詰まっている。ひたすら高さを追求した10mを超える大型発射台もあれば、神仏、干支、アニメのキャラクターをかたどったものもある。今回一番注目を集めたのは午年《うまどし》と馬英九総統とを掛け合わせた「馬英九炮城」だ。反馬英九の民進党支持者が多い南部らしい発想で、馬英九がお尻を叩かれている絵が描かれ、不景気や政府に対する不満を皮肉ったものとして話題を呼んでいた。

私が陣取ったのは高さ10mを超える3段式の発射台の前。紙も爆竹も点火され、準備が整った後はいよいよロケット花火の発射だ。

「ヘルメットOK、マスクOK、手袋OK……」

自分の装備に落ち度はないか点検し始めたとたん、あちこちでロケット花火が飛び始めた。最初は遠慮がちだったが、瞬く間にその勢いが増し、火事のような火柱と轟音になっていた。

ロケット花火の砲撃による極限の興奮状態。誰も御神輿から離れようとしない。

「おぉぉぉぉっ」「ぐぅえ」「うぉっ」

　気がついたら、マンガの吹き出しでしか見たことのなかった擬音が、何だかよくわからないまま、勢いに押されて自然と自分の口から出ていた。ロケット花火の直撃なのか、太腿やスネに激痛が走った。痛いから当たらないようにと飛び跳ねた。

　ロケット花火が爆発する音で耳がキーンとなり、何も聞こえなくなった。火花が洋服に燃え移り、焼け焦げた。

　極限の興奮体験はくせになる。怖かったけれども、恐怖を乗り越えた達成感で、御神輿にくっついてまた次の場所へと移動した。40歳を超えているのに、子供っぽい好奇心にはときどき自分でもあきれることがある。

　鹽水蜂炮の当日、台南市政府が主催するロケット花火の発射台を組み立てる体験コースがあり、そちらにも参加してみた。朝8時半から夜10時までの長丁場だが、１００名を超える参加者で賑わっていた。家族、職場の仲間、親戚、カップル、外国人グループなどがいたけれども、一人参加は私くらい。周りからは相当な変わり者と思われていたかもしれない。

　参加者の台湾人に突然、声をかけられた。

「一青妙さんですか？」

　私が首からぶら下げているネームプレートを指差している。台南市内に住む女性で、私の著書『私の箱子《シャンズ》』の台湾版を読んだことがあるという。台南でも私の本が少しは売れていることがわ

各発射台は人型など創意工夫がこらされる。台南市政府主催の発射台組み立て体験コースもあり、縁起のよい数字分のロケット花火をみんなで差し込んでいく。

かって嬉しかった。

午前の時間は解説員付きの街の観光に出かけた。鹽水は歴史がある古い街だ。清朝時代、台湾で最も栄えた港町4ヶ所は「一府二鹿三艋舺四月津」と呼ばれていた。府は台南、鹿は彰化の鹿港、艋舺は台北の萬華であり、四つ目の月津が鹽水だったのだ。鹽水はその昔、東側がすぐ海で港がある場所だった。その曲がった海岸線が三日月に似ていることから「月津港」という名前が付けられたそうだ。

さて、午後に入ると、10人一組でロケット発射台の組み立て作業を体験した。体育館には発射台10基の台座が置いてあった。この台座にロケット花火を挿して発射台を完成させる。

高さ2mほどの台座は6層に分けられ、

それぞれの層にロケット花火を1本ずつ挿し、導火線を巻き付けていく。ロケット花火がより遠く、より華やかに発射されるには、45度の発射角がいいらしい。作業はそれほど難しくはないけれども、参加者は無口で真剣そのもの。ちなみに、1層に挿す本数は、108本か120本という縁起のいいこだわりの数字が決められている。108は「万事如意」を、120は「健康長命」を象徴する。

私の組は108本ずつ挿すことになったが、いちいち数えているのが面倒になり、本数など誰も気にしなくなった。最後に各自の願いごとを書いた赤紙を巻き付けて発射台の完成だ。

みんなの願いごとを覗き見してみると、

「中樂透（宝くじにあたりますように）」

「平安（元気でいられますように）」

「家人身體健康（家族の健康を願って）」

というように、思い思いの願いを書いていた。「徵求女友（彼女ができますように）」という願いごともあった。神頼みの内容は万国共通、どこの国でもそんなに変わらない。

夜8時過ぎ、私たちは、自分たちで作った発射台を担ぎ、指定された広場に向かった。群衆にもみくちゃにされながら人ごみをかきわけ、もうこれ以上動けないというところまで行き、立ち止まったら、すぐに点火準備に入った。

それからは、冒頭に紹介したような爆発体験というわけである。

深夜0時を過ぎても、鹽水の街にはロケット花火の音が鳴り響いている。救急車と消防車のサイレンも一層元気に鳴り響いていた。

完全武装は思ったより暑い。

「今年は寒いからまだいいが、暑い年は汗だくで大変だよ」

そう話したのは、発射台づくりで一緒のグループになった曽英君《ツォンインチュン》さんだ。10年間、台中から鹽水蜂炮に通い続けている強者で、あたふたして、あれこれ心配する私とは対照的に、身軽だが、ポイントを押さえた装備で常連の風格を漂わせていた。

「大変な年ほど逆に記憶に残って楽しいよ」

一夜明け、お風呂に入って自分の足を見て驚いた。自分の足が気持ち悪い状態になっている。なにかいけない病気に罹ったのではと見間違えるくらい、いくつもの青あざが出来ていた。それでも来年もまた参加しようと思っている。

鹽水蜂炮は一度参加するとくせになる台湾一危険なお祭りだ。

家族で祝う台南の旧正月

台南で絶対に体験したいことがあった。

それは「過新年」。つまり、新年を迎えること。

台湾のお正月は旧正月を祝う。旧正月はカレンダーの1月1日ではない。旧暦で新年を迎えるので、毎年1月の中旬から2月上旬にかけてのどこかがお正月となる。その日が毎年ちょっとずつ変動するので、暦であらかじめ確かめておかないとならないのがちょっとばかり面倒くさい。

2014年の旧正月は1月31日だった。台湾でもっともにぎやかと言われる台南の新年。その気分を味わうため、少し早目に台南を訪れた。

お正月まで残り2週間ぐらいになると、街の各所に「年貨街《ニエンフオチエ》」と呼ばれるお正月用品を売り出す特設会場が出来あがる。「南北貨《ナンペイフオ》」と呼ばれるカラスミや貝柱のような乾物に、家の門や窓に貼る「春聯《チュンリエン》」、「紅包《ホンパオ》」と呼ばれるお年玉袋などを売るお店が立ち並ぶ。東京なら「アメ横」、台北では「迪化街《ティーホワチエ》」が有名だが、台南で最近人気なのは「新化老街《シンホワラオチエ》」という年貨街だ。

台南市内から車で約20分の新化老街には、約500メートルの道の両側に、大正10年頃に建てられた日本建築が残されている。いずれも細かい彫刻が施されたバロック式建築の洋館で、薬屋や診療所、米屋などが店を構える。年貨街は紅白のテントの出店として建物の前に設営され、歩

初詣でにぎわう台南市内の廟。

行者天国となっていた。大道芸やライブ、福引き大会などもあり、お祭りのような賑わいだった。お正月を控えて、台南の人々が買い出しにくり出すテンションは、日本人と変わりがない。

新化老街だけでなく、台南市内のそこかしこに、新年を迎える空気が漂っていた。市場にはいつもより生花が多く並び、道端には季節のフルーツを一杯に積んだトラックが止まっている。街全体が、そわそわ、わくわくしているような感じで、私まで浮き足立ってくる。

台南は廟が多い、と前に書いた。廟とは、儒教や道教の神様をまつる施設だが、大通りも裏通りも廟だらけ。市場のなかのような思いがけない場所にまで廟が突如現れる。廟とキリスト教会が隣り合わせなんてことも少なくない。

そして不思議なことに、廟の前には必ず誰かがいる。特に用はなさそうなのに井戸端会議をしたり、何もせず、ただそこに座っていたり。日本のお寺や神社の前で、こんな風景は見かけない。でも、昔はあったのかも知れない。台南の廟は、いまでも近隣で暮らす人たちが、みんなの平安と無事を確認できるコミュニティの中心という役割を果たしているのだ。

台南人は信心深い。王爺、媽祖、月下老人、註生娘娘、玄天上帝など、廟に祭られている神様は千差万別だ。どんな違いがあるかもよく分からない。日本の寺社に比べたら、どこも色彩豊かでポップな感じがして、ひょうきんな顔をした神様もいる。

旧暦の12月24日は「送神日」という日にあたる。新年まであと1週間。廟にとっては、お正月を迎えるための特別な日だ。

送神日とは文字通り神様を送り出す日である。普段、天から派遣された神様は廟を訪れる人の願いを聞き入れ、人々を見守り続けているが、人間界で起きた出来事を「上司」に報告するため年に1度、全ての廟から神様が一斉に天上界へと戻っていく。

ここで、人々は神様のご機嫌を取らなくてはならない。なるべく悪いことは報告して欲しくない。大量にお供えをささげ、お経を読みあげ、神様を盛大に送り出す儀式を執り行う。一種の「接待」のようなものだ。

安平にある妙寿宮《ミアオソウコン》という道教の廟の儀式を見に行った。ここの儀式は、台湾のシャーマン「乱童《タンキー》」が活躍することで知られており、前々から楽しみにしていた。祈禱師たちが、夜8時を過ぎたころから3時間以上かけ、鐘や太鼓の音頭に合わせ「咒簿《チョウプー》」に書かれている言葉を詠み続ける。その後、突如奇声を上げ、体中を震わせる乱童が登場した。言葉にならない呪文のようなものを唱え出す。あやしく、おどろおどろしい。

乱童は左手に黒い旗、右手にお線香を持ち群衆の先頭に立つ。爆竹が鳴り響くなか、乱童の軽やかな舞いも披露され、神を送り出し、廟の正門を閉め、封をして儀式は終了した。終了後、廟から参加者全員にお粥が振る舞われた。このお粥を食べれば幸福な新年になると言われている。

次に廟の正門が開くのは、お正月の三ヶ日が明けて、神様が天上界から戻ってきた後だ。

一心不乱に祈りを捧げる乱童。

実物の乱童を見たのはこれが初めてだった。たまたま知り合った人がこの乱童の同級生だったので分かったのだが、乱童のお父さんも乱童だったらしい。乱童の家系なのだ。乱童は小学校のときから特異体質で、授業中突然心ここにあらずのような状態になり、先生に体を揺り動かされて我に返るようなことがよくあったという。

超常現象的なものにネガティブな私は、「そんなの嘘でしょ」と言い返したが、「その場にいた俺が見たのだから本当だ」と言われた。でも、廟で私が見た乱童は、自分で服を脱ぎ、衣裳の紐を自分で結んでいた。憑依された状態なのに。いまだに本物の乱童だったのか気になってしょうがない。

この儀式では、私と同じように熱心にカメラを構えた西洋人がいた。外国人記者か観光客だろうと思ったら、流暢な台湾語と中国語を話すステファン・フラニガンさんという米国人だった。この人は台南で超がつく有名人で、「馮思明《フォンスーミン》」という中国名も持っている。台南に魅せられ、道教が大好きで、台南に3年も住んでいる。「いつか自分にも神が乗り移り、乱童の体験をしてみたい」と新聞のインタビューに答えていたらしい。世の中には変わった人がいるものだ。

台湾で旧正月を迎えるのはどれくらいぶりだろうか。小学校までは台湾で正月を過ごしたはずだが、さっぱり記憶にない。日本で生活を始めてからは、大晦日に「紅白歌合戦」を見ながらいつもと変わらない夕食を食べ、「ゆく年くる年」の除夜の鐘が鳴り始めると、近所のお寺に初詣に出掛けていたことしか覚えていない。

日本では元日に親戚や家族が揃ってご飯を食べるのが一般的だが、台湾では大晦日の夜に、家族が集まって「年夜飯《ニエンイエファン》」を食べる習慣がある。

年夜飯を食べに来なさいと、お誘いを受けた。しかも3家族からだ。嬉しかった。どのお誘いも断りたくなかったので、3ヶ所をはしごすることにした。一生に一度のことだろう。若かったときも、こんなにモテたことはない。

最初は台南市の東区に住むカメラマンの蔡《ツァイ》宗《ツォン》昇《ション》さんご一家。

蔡さんは両親と妻と息子、娘の6人暮らし。東区は、台南駅の東側に位置し、成功大学を中心に広がる新しい街だ。

本業のカメラマン以外に、民宿「屎溝墘客廳」を経営している蔡さんとの出会いは、運命のような偶然だった。

台南のガイドブックに紹介されていた数ある民宿のなかで、築100年以上の古民家を再生した「屎溝墘客廳」の写真を見て、一目で気に入り、予約の電話をしたところ、「満室だ」と断られたの

台南市東区のカメラマン・蔡宗昇さん宅の年夜飯の食卓。85歳になるお父さんが日本語で出迎えてくれた。

が始まりだった。普通ならそれで終わってしまうところだが、蔡さんは思いつく台南の民宿を10以上も挙げ、一緒に宿泊先を探してくれた。

蔡さんは日本への留学経験があり、日本語が堪能だった。親切な台湾人はたくさん知っているが、海外から突然連絡してきた、面識のない人に、ここまで親身になれる人はそうはいない。その後も蔡さんには、なにかと助けてもらうことが多い。

蔡さんは、台南で驚くほど豊富な人脈を持っている。知り合いがほとんどいなかった私が、多くの人と出会えたのは、ひとえに蔡さんのおかげだ。ビンロウ屋の楊さんも蔡さんが引き合わせてくれた。こんな人に会いたい、こんなところに行きたいと言えば、次から次へと名前やアイディアが湧き出てくるので、仲間の間では「鬼才」と呼ばれているが、私にとってはドラえもんのような存在だ。

いつも冗談を言って一緒にいる人を楽しませてくれる蔡さん。有名なカメラマンのはずなのに、写真はスマートフォンで撮っている。すぐに人と話しこみ、油を売っている姿はまるでフーテンの寅さんのようだ。しかし台湾で出版された台南に関する書籍で使われている写真の多くは蔡さんが撮った作品である。一体いつ仕事をしているのだろう。

蔡さんの家に着くと、いきなり日本語だった。

「ようこそ、いらっしゃいました」

今年85歳になる蔡さんのお父さんが出迎えてくれた。お母さんも日本語が話せる。蔡さんの奥さんも日本に留学しているので、一家の日本語力はかなり高い。

蔡さん（左）とビンロウ屋の楊さん（中）は仲良し同級生。

円卓には、台湾名物のスープ「仏跳牆《フォーティアオチアン》」を中心に、おこわ、蒸したエビ、魚のしょうゆ煮、腸詰め、カラスミ、野菜炒め、大根モチに豚足などがズラリと並ぶ。ちょっとした宴会だ。

リンゴのスライスとカラスミが同じお皿に並んでいたのには驚いた。カラスミの付け合わせは大根が定番だが、さっぱりとしていて美味しい。生ハムメロンや生ハムイチジクと同じ感覚の取り合わせだ。

「全部作ったのですか?」

「違うの」

ちょっぴり恥ずかしそうに奥さんが言う。年夜飯で食べる「年夜菜《ニアンイエツァイ》」は半分がお母さんと奥さんの手作りで、残りの半分は知人の業者に注文したものだった。年夜飯は家で作るのが伝統だけれども、最近は一家でレストランに出掛けて食べたり、有名シェフが作る年夜菜を事前に予約したりする家庭が増えている。このあたりの正月の省力化は日本とあまり変わらない。

ただ、かなり大量に料理を準備し、お正月の数日をかけて食べていくという点は、日本のおせち料理と同じだが、家族全員が一緒に食事をする習慣は台湾の方がまだ残っていると感じる。

食事が一段落して、席を立つ蔡さんにお父さんが呼びかけた。

「昇《のぼる》、タバコはやめなさい。ビンロウも」

蔡さんの名前は「宗昇」だが、お父さんは「昇」の一文字を日本語読みの「のぼる」で呼んでいた。3人の姉を持つ蔡さんは、ようやくできた長男としてたいそうかわいがられてきたそうだ。お父さんの目に映るのは、いつまでも子供のままの蔡さんなのだろう。私と目が合った蔡さんは、ちょっぴり照れ笑いをしながらやんちゃ坊主のようにベロを出し、そそくさと席を外した。

「お父さん、昇《のぼる》さんはかなりのヘビースモーカーでビンロウをいつも食べていますよ」と告げ口しようかと思ったがやめておいた。きっと皆も分かっているはずだ。こんなに仲が良く、温かい3世代と一緒に円卓を囲める幸せを私は全身に受け止めた。


この楽しい年夜飯のひとときからわずか4ヶ月後の2014年6月、蔡さんのお父さんは家族に見守られるなか、天寿を全うした。

中西区、陳伶伶さんが営む民宿「陳さん」にて。離れて暮らす家族も揃った年夜飯風景。

2軒目は中西区にある陳家で年夜飯をご馳走になった。中西区は台南市内で最も早く開発されたエリアだ。夜間のライトアップが有名な神農街、美味しい小吃店が軒を連ねる国華街や保安路、アートストリートの海安路や孔子廟のような主要観光地がここにあり、私の台南での活動拠点でもある。

家族の思い出の家具や品々とモダンな現代建築を組み合わせた「陳さん」は、居心地のいい民宿だ。

陳伶伶《チェンリンリン》さんが営む民宿「陳さん」に宿泊した縁で、年夜飯のお誘いを受けたが、この一家に対し、私は初対面のときから不思議な懐かしさと親しみを抱いていた。

うまくピタリとその感覚を表現できる言葉が見つからないが、民宿全体を包む空気と、伶伶さんの飾らない人柄、そして少し距離を置いた人との付き合い方に居心地のよさを勝手に感じている。

台南でいくつもの民宿に泊まったが、「陳さん」に泊まった日数が一番多い。

「またきたよ！」

「こんにちは、顔さん」

台湾で私は顔姓を名乗っているので、「陳さん」を訪れるといつもこの挨拶から始まる。例年は、お正月の期間には宿泊客を受けないが、今年は私だけ特別に泊めてくれた。

陳家は5人姉妹だ。伶伶さんが長女で、民宿の裏に彼女の5歳になる一人娘・元隄《ユワンティー》ちゃんと母・郭采蘭《クオツァイラン》さん、そして三女の雅《ヤー》幸《シン》さんと一緒に住んでいる。二女は早くに交通事故で亡くなった。四女の裕貞《ユィチェン》さんと五女の博琳《ポーリン》さんはいずれも台北で仕事をしており、お正月のような長い休みになると戻ってくる。

お正月は年に1度、陳家のみんなが勢揃いする特別な日なのである。

民宿のロビーには、かつて家族が使っていた食卓や長椅子が置かれている。民宿がオープンした2012年から、年夜飯はこのスペースで食べるようになった。

姉妹4人が集まれば賑やかなことこのうえない。私も体格がしっかりした方ではないけれども、陳家の人たちは私よりもずっと華奢で小さい。そのせいか、みんな少女のように見える。おしゃべりな伶伶さんに照れ屋の元隄ちゃん。雅幸さんはしっかりもので仕切り屋さん。キュートな裕貞さんの横には、優しそうな旦那さんがいた。おっとりしているようで、ときどき鋭い発言をする博琳さん。少し遅れて、お母さんも加わり、圧倒的に女が多数派の中で年夜飯を囲んだ。

年夜菜には台南の老舗料理店「阿美《アーメイ》」の料理が用意されていた。焼きエビ、鮑のしょうゆ煮、蒸し魚、マグロのお刺身、揚げ魚、米粉、意麵など。ここでも仏跳牆があり、タラバガニ鍋まであった。台南人は年夜飯にほうれん草より少し短い「長年菜」と呼ばれる青菜を、長寿の祈りをこめて根付きのまま食べる。日本の年越しソバのようなものだろう。

年夜菜のデリバリーが遅れたので陳家のみんなはちょっと不満気味だったが、それなりの事情もあった。台南では宅配便が日本ほど普及していない。各家庭への配達にはタクシーが一役買っているのだが、こういった祭日には注文が殺到して、タクシーも忙しい。それにしても、タクシーがお店から商品を載せて各家庭に配達するところが面白い。

食卓での話題は、私が書いた本『私の箱子』に集中した。

『私の箱子』は、私がこれまで両親と住んできた家を壊し、新しく建て直すときに見つけた小さな箱の中から見つかった両親の手紙や日記によって甦った家族の記憶をもとに、執筆したエッセイだ。２０１３年には台湾で翻訳出版されている。

四女の裕貞さんは台北で歴史の先生をしている。私が「陳さん」に宿泊する前に彼女はすでに本を読んでくれていて、その著者が民宿に現れたので姉妹間で話題になっていたらしい。

「家を壊したときの心境を教えてもらえませんか」

裕貞さんはこんな質問を投げかけてきた。民宿が誕生した背景にも、『私の箱子』と同様、古い家にまつわる物語があったからだ。

民宿は神農街のはずれの「薬王廟」のすぐ近くにある。薬王廟は台湾で最初に建てられた健康や医薬の神様を祭る廟である。

「周囲は昔にくらべてだいぶ賑やかになったけれども、このあたりの街並は当時からあまり変わっていないの」

この地に生まれ育った80歳になる母親の采蘭さんが教えてくれた。

采蘭さんのお母さん、つまり姉妹たちにとっての祖母は「明治34年生まれ」の陳蔡香菰《チェンツァイシアンクー》さんという。香菰さんは近隣に住むほとんどの赤ちゃんを取り上げてきたという助産師であり、「明治25年生まれ」の祖父・陳犇《チェンペン》さんは日本に行ったこともある薬剤師だった。この二人が以前暮らしていた家が、民宿「陳さん」へと変身したのだ。

香菰さんと犇さんの間に生まれた姉妹たちの父・陳成章《チェンチョンチャン》さんは日本統治下の台湾に生まれ、化学を専攻し、京都大学に7年留学している。伶伶さんたちが住んでいる家の本棚には、成章さんが亡くなる２００８年まで日本から毎月取り寄せていた化学の月刊誌や日本語の教科書が、ずらっと並んでいた。

「父のかわりに論文を書いていたのよ」

伶伶さんが笑いながら言った。勉強はできたが、文章はあまり得意でなかった成章さんにかわり、高校生だった伶伶さんが１回ならず、数回も論文を書いたことがあるという。

路地が入り組んだ台南では原付バイクが最適な交通手段だ。それにも関わらず、どこに行くにも自転車を使っていた成章さん。娘たちにも危ないからと、決して原付バイクに乗ることを許さなかった。厳しいながらも優しさにあふれる性格の持ち主だったのだろう。

陳さんの民宿にある、日本統治時代に使われていた唱歌集。

国民党が台湾に来たあと、学校で使うようになった中国語を話す娘たちに、成章さんは終始台湾語で答え、時にはわからないふりをしたこともあるという。娘たちにとって、頑固な学者肌の成章さんは、尊敬できるが、やや怖い存在だった。成長した伶伶さんは実家を窮屈に思い、台北で仕事先を見つけ、台南の実家を離れることにした。再び台南に戻ってくることを決意したのは、成章さ

んが癌で亡くなる一月半前だった。

成章さんが生前気にかけていたことが一つあった。それは空き家のまま放置していた生家の行方だった。倉庫代わりになっていた家には、香菰さんが使っていた櫛や手鏡、日本統治時代の教科書や唱歌集、ハヤシ百貨の包み紙、家族全員で囲んだ机や椅子、姉妹たちが使っていたカバンやオモチャなどが残っていた。

「陳さん」は父の思いを形に残すために建てた民宿だ。

「台南州知事片山三郎」の名前が記された香菰さんの産婆免許証。陳犇さんの「東京薬学士」と刻まれた表札。成章さんが乗っていた自転車や姉妹たちが幼い頃に身を委ねた揺りかご。香菰さんが踏んでいたミシン。どれも民宿のオブジェとして随所に飾られている。中庭に植えられた桜の木と相まって、どことなく昔の日本の家を思わせる。役に立たないガラクタのような品々が、父の死と同時に、父に繋がる大切な品へと変わったのだ。

建物はできるだけそのまま保存しつつ、モダンな現代建築を組み合わせ、全3部屋の小ぢんまりとした居心地のいい民宿に生まれ変わった。

昭和3年生まれの私の父も無口で頑固な人だった。日本統治時代に青春時代を送ったため、中国語が話せなかった。台湾の公用語が中国語になった後も話そうとしなかった。だから、成章さんの態度や振る舞いについては何となく想像がつく。

四女の裕貞さんも、私が本の中に描いた私の父に自分たちの父を重ねていたのだろう。生まれた場所も育った環境も違うのに、最初に会ったときから感じた「近さ」は、こういうところにも理由があったのかもしれない。

成章さんは日本が大好きだった。門司港や厳島神社など、姉妹たちが父と行った場所はたくさんある。一緒に行くことを約束しながら病気のために果たせなかった2005年の愛知万博のことを思い出すと、自然と感情が高ぶってしまうと、伶伶さんは言う。

「だから、まだ愛知県とか名古屋には行く気になれないの」。伶伶さんの話を聞きながら、気づいたら私はもらい泣きをしていた。

「次に日本に行ったら、会いにいってもいい？」

伶伶さんは1年に最低でも1回は、大好きな東京ディズニーランドに行くために日本を訪れている。2013年12月、ディズニーランド30周年に合わせ、娘と一緒に東京に行った際、私の住所から最寄り駅まで調べていたという。ところが、突然では申し訳ないと思いとどまったことを、少し恥ずかしそうに教えてくれた。なにごとにもちょっと遠慮がちな家族なのだ。

ご飯を食べ終わるころ、伶伶さんが隠し持っていた真っ赤な「紅包」を差し出した。台湾のお年玉袋だ。

お年玉をもらうのはどれくらいぶりだろう。突然のことで驚き、40歳を超えてのお年玉にはさすがに照れた。三女が10個の紅包を貼りつけたボードを出してきた。包みの中には1から10までの数字に関する故事成語が入っているという。選んだ「6」の袋を開いたら、「六六大順」と書かれたプレートと、一円玉が6枚入っていた。

「六六大順」は「全ての面で順調に進む」という意味で、みんなが拍手を送ってくれた。

民宿ではお客に宿泊の最終日、「舊來發餅舗」の「黒糖香餅」をお土産に持たせてくれる。ほんのりと甘い味のする黒糖香餅は陳さん姉妹が幼いころから食べてきた懐かしい味であり、今では私が陳家を思い出す味となっている。

民宿の看板には元隄ちゃんが筆で書いた「陳さん」という日本語の文字が白熱灯の優しい灯りに浮き上がっている。素朴で優しい陳家のすべてがその看板に集約されている気がする。

２０１３年の大晦日、これまで他人を呼んだことはないという陳家の年夜飯に招待してもらえたことは私の小さな誇りになっている。


年夜飯の締めくくりは、私の行きつけの場所、楊さんのビンロウ店だ。

「ゆっくりやっているから年が明ける前ならいつでもいいよ」

楊さんはそう言ってくれていた。10時半ごろに到着すると、宴会場の机の上には空のお皿しか残っていなかった。もっとも、2食もフルコースを堪能してきた私の胃袋に空きスペースはなかったが、どんな料理があったのかは知りたかったので、もう少し早く来ておけばよかったと少し後悔した。

いつものように冗談を言いながらも、手を動かしてビンロウを包んでいた楊さんだが、今日ばかりはちょっといつもと様子が違って見えた。

お酒が進んで酔いが回っていたせいか、普段よりも饒舌になっていた。４人も同級生が集まったうえに、妹や息子の友達も加わり、気分が盛り上がっていたのかもしれない。

このところ、楊さんは私を「妙ちゃん」という意味の「阿妙《アーミャオ》」と呼ぶようになっている。

「阿妙、こいつはね、俺の同級生なんだよ」

「これを見てみなよ、昔はみんな格好よかったんだよ」

どこからか中学の卒業アルバムを持ち出してきて、30年以上前の自分たちの写真を見ては楽そうに話しこんでいた。


ビンロウ店を挟んだ道の向いには玄天上帝を祭った廟がある。

11時半を過ぎた頃から廟の前に少しずつ人が集まり始めた。11時50分、日本の除夜の鐘のように、道路の真ん中で爆竹が鳴らされ、集まった人たちに廟からお線香が配られていく。私も人混みに紛れ、年明けと共にお線香を持って頭を下げた。

「日本からきた阿妙です。どうか今年一年、健康で楽しく過ごせますように」

屎溝墘客廳《シーコウチエンコーティン》
台南市中西区信義街3号　☎ 0931-820552
陳《チン》さん（陳桑民宿）
台南市中西区民族路３段151巷1-１号　☎ 0922-859768

エピローグ

「台湾でおすすめの場所は？」

「台北のおいしいレストラン教えて」

日本の友人からこんなことをよく聞かれる。

台湾人の父と日本人の母の間に生まれた私にとって、台湾は故郷だ。答えられて当然のはずだけれども、いつも言葉に詰まってしまい、苦笑いを浮かべてごまかすしかなかった。

というのも、台湾を離れてすでに30年以上が経っており、私のなかの台湾は１９８０年代前半で時計の針が止まったままだからだ。

「いまの台湾」を認識し始めたのは、２０１２年に出版した『私の箱子』の執筆のこともあり、頻繁に台湾と日本を行き来するようになったここ数年のことである。

『私の箱子』の主人公は、日本統治下の台湾に生まれた私の父。日本人として育てられ、日本語の教育を受けてきたが、終戦とともに日本人から台湾人にならざるを得なかった。台湾人でありながら、日本語しか話せなかった父。予想をはるかに超えた人生の変化に困惑し、引き裂かれたアイデンティティに悩み続けたまま、56歳でその生涯を閉じた。

父が亡くなったとき、私はまだ14歳だった。父と大人の会話をすることなく別離を迎えたので、父が見てきた台湾と日本については、当時を知る父の友人や親戚から話を聞かせてもらった。

その作業を通じて、台湾が歩んだ歴史や日本との関係をはじめて知ることになり、それが半分は台湾人である自分のルーツ探しにもつながり、はるかかなたに遠ざかっていた台湾との距離がぐっと近くなった。

2013年には、母を主人公とした『ママ、ごはんまだ？』を出版した。

父に比べ、母とは比較的長い時間一緒にいられたが、その母も私が22歳のときに48歳で亡くなった。台湾人の父と結婚し、1970年から台湾で生活を始めた母だが、当時の日本人にとって、台湾は近くて遠い場所だった。異国の地に単身で向った母は、文化や習慣の違いに大いに戸惑った。特に父はかつて台湾五大家族と呼ばれていた名家の長男だったので、外国人の妻として乗り越えなければならない壁は人一倍高かったことが想像できる。

生前の母が、台湾での生活について、私に話したことはとても少なかった。ただ、直接の会話のかわりに、台湾で習った料理のレシピを文字として残してくれていた。

レシピには、いつもわが家の食卓に登場していた台湾料理のメニューが懐かしい母の文字で書き込まれている。日本で暮らすようになってからも、よくせがんで作ってもらっていたことを思い出した。母が最も大切にしてきた料理を再現することで、かつての台湾での生活や家族の風景がよみがえってきた。

この2冊の本を書くことを通して、少なくとも30回以上は台湾を訪れただろう。

最初は懐かしさに心が躍り、興奮しっぱなしだったが、徐々にどこかに違和感を覚えるようになっていた。

記憶のなかにあったお店が見つからない。思っていた味と違う。失われた市場の活気。30年前にあったものは存在せず、新しいものばかりで埋め尽くされた台北にいささか失望しかけていたとき、たまたま台南を訪れた。台南は至るところに、私が知っていた街角の風景が点在し、人の温もりがあった。そこで、3冊目の本は、台南という土地を通して、「私にとっての台湾」を描こうと決心したのだった。

台南ではいろいろな出会いがあった。なかでもお世話になったのが「原付バイク」だ。原付バイクは中国語では「機車《チーチョー》」という。台南の駅裏には多くの貸しバイク屋があり、外地からきた台湾人も、駅に着くとたいていそのままバイクを借りる。日本人も日本の運転免許証を中国語に翻訳したものを持っていれば、手続き5分で借りることができる。100ccの大きさなら1日300元（約1000円）だからとても安い。

小さな路地が多い台南ではいちばん便利だとみんなが言うので、借りてみることにした。原付バイクを運転するのは約20年ぶり。どうやってエンジンをかければいいのかわからず、お店の人に笑われた。最初は怖くて、歩く人よりも遅いスピードで乗っていたら、「迷っているのか」と通行人に何度も話しかけられた。荷物入れの中に鍵をいれてしまい、途方に暮れたことや、停めようとした原付が自分の足に倒れ、あざだらけになったこともある。

しかし、慣れればこれほど便利なものはない。ヘルメットを被って原付バイクにまたがれば、台南の街にあっという間に溶け込める。「ブルルルルン……」と路地裏を走っていると台南人になりきった気分になり、自然と顔がゆるんでしまう。どこにいくのも原付バイクに乗る私を、妹は「現地人みたい」と驚き、台南の友人からは中古の原付バイクを買うことを勧められた。

原付バイクで海安路にある「ブループリント」という壁アートの横をいつも通ってきた。中国語で「藍晒圖」と書くブループリントは、台南在住の建築家・劉國滄《リウクオツァン》さんの作品だ。2004年、海安路の道路拡張に伴い、半分壊されてむき出しになった古民家の壁面を鮮やかな藍色に塗り、窓や天井、家具などを白い線で細かく描き込んだ。真っ青に塗られた一面の壁はとても目立ち、新聞や雑誌にも頻繁に取り上げられ、台南のランドマークとしてすっかり定着していた。

日本にいるとき、毎日の日課として、朝の仕事が一段落したあとに、パソコンで台湾のニュースを拾い読みする。特に台南については、フェイスブックの友人のおかげで、かなりローカルな情報まで得ることができる。

2014年2月24日、いつものようにフェイスブックを開くと、信じられない中国語の書き込みを見つけた。「速報―台南のランドマーク・ブループリントがなくなりました。職人が白いペンキを塗るのを見て、

うまくお別れを言えない感覚に陥りました」――。

ブループリントの前で白いペンキを塗っている職人の写真もアップされていた。冗談かと思って、何度も画面を見直した。他のネットニュースも探したが、どこにも情報が出ていない。

「ブループリントが白く塗られたって本当？」

居ても立ってもいられず、急いでカメラマンの蔡宗昇さんに連絡したが、「そんなことあるわけないよ」という間の抜けた返事だった。

私がしつこく聞くので、仕方なく蔡さんは現場に行ってくれた。

「大変だ。本当だったよ」

送られてきた写真には、白く塗られたブループリントが写っていた。

とても悲しくなり、フェイスブックやツイッターでつぶやいた。この件は、台湾の主要各紙に取り上げられる話題となり、「ブループリントも守れないようでは、文化財を守ることなどできない」などと台南市政府への批判の声も上がった。大手紙・中国時報の記事には「ネット上ではほぼ発生と同時に事件に注目していた日本の作家一青妙」と書かれた。

台南人よりも情報通だね、と台南の友人たちからはからかわれたが、台南で起きることに自然と関心をはらうようになっている自分をほんの少しだが誇らしく感じた。

この「ブループリント白塗り事件」が起きる少し前の2月16日、創作した本人の劉國滄さんとたまたま台北で会っていた。細身で長身な劉さんは、長髪を後ろで一つに束ね、ヒゲを生やし、いかにも芸術家らしく、繊細な印象を与える。

「いまの台南のブームは短期的には問題も多いが、チャンスの到来とも言える」

台南が商業的になりすぎることを心配している劉さんは、台南に身を置く人々がお互いを敵視せず、良きライバルとしてともに成長するべきだと語った。

劉さんは台南を「実験できる場所」だと独特の表現で言い表す。台湾はさまざまな外来政権に支配され、政治的にも不安定な時代が続いたが、いつの時代も人々は柔軟に対応してきた。なかでも台南は特にその柔軟さを持っているというのが劉さんの持論だ。だから実験的な作品としてブループリントをつくり、人々は受け入れてくれた。

ブループリントが消されることを予見するようなことも言っていた。

「期間限定という形で家主から提供された壁に絵を描いた。期限がくれば、絵をどうしようが家主の行動を阻止することはできない。その結果の良し悪しを判断するのは、後世の人たちだよ」

劉さんの言葉に激しく変わるいまの台南を見た気がした。

おいしい食べ物、伝統的な文化、深い歴史。まるで宝箱のように多くの宝石が詰まった台南の魅力はどれも捨て難い。だけれども、私の心を一番摑んで離さなかったのが台南の人々だ。

純朴。

個性的な建築家・劉國滄さん。

おせっかい。

涙もろい。

情熱的。

マイペース……。

台南人への印象を書き出せばきりがない。ひとつだけ選ぶなら「人情味にあふれた人々」という言葉がいちばんふさわしい。台湾人全体がそうなのだが、台南人は抜きん出て人情深い。

軒先の籐の椅子に横たわり、うちわ片手に夕涼みするおじいさん。

つっかけで鮮魚と野菜を両手に抱えて小走りで歩くおばさん。

リヤカーを引いてカルメラ焼きを売るおじさん。

出会った一人ひとりの姿が、私の中のかつての台湾に重なるものがあった。

最近の台湾では「台湾で最も美しいのは人だ」という言葉が流行したが、私は「台南で最も美しいのは人だ」と言い換えたい思いでいる。

その台南の人々は、台北に対して、コンプレックスと対抗意識とプライドが入り交じった、ちょっと複雑な思いを抱きながら生きている。

タクシーの運転手さんは「台北は人が多くて住む場所ではない」「空気が汚い」などいろいろと台北の悪口を言ったあと、「実は10年前まで台北で仕事をしていたけれども、失敗して地元に戻ってきたんだ」と教えてくれた。

小吃店で相席になった30代前半の青年は、「台南は山あり、海ありの自然が美しく、市の中心もほどよく発達しているから最高だ」と自慢した後に、「でも台北で就職先を探したかったけれども、家業を継がなければならないから断念したこともあった」という話をしてくれた。

台北のことを、台南の人たちは「天龍国」と呼ぶ。天龍国は、日本の人気漫画『ワンピース』に登場する〝世界貴族〟の「天龍人」から派生してできた台湾のネット用語で、いまでは政治家も使う言葉となっている。高いところにいて、下界には目も向けない場所やそこに住む人々のことを風刺的に形容するものだが、この言葉からも台南と台北の微妙な距離感がよく分かる。

清朝時代までは台湾の政治・経済・文化の中心に君臨した台南。日本統治時代から台北に首都の座を奪われ、戦後も長く置き去りにされてきた。しかし、そんな台南がいま、台北にはない活気を持って発展を始めた。台南の人々のなかに新しいアイデンティティが生まれるかも知れない。

そんな新しい台南人を象徴する人に、台北から台南に拠点を移して活動している歌手の謝銘祐《シエミンヨウ》さんがいる。

生まれ育った台南に２０００年から再び暮らし始め、10年の歳月をかけ、台南の人、四季、生活を歌詞として歌った全12曲のアルバム「台南」を発表した。

２０１３年、このアルバムで日本のレコード大賞にあたる「金曲奨」の台湾語男性歌手最高賞を受賞した。

「私は台湾人。私は台南人」

金曲奨の授賞式での台湾語のスピーチはいまも台南人の誇りとなっている。

「心の中にある情感は台湾語でしか表現できない」という謝さんは、全ての曲を台湾語で歌っている。土地と言葉にこだわった強い意志を感じる作品だ。

「台湾語でしか表せない台湾人の機微がある。台湾語でしか描けない台南がある」

私との会話のなかで、そう語った謝さんは自分の音楽グループ・麵包車樂團《ミエンパオチョーユエトワン》を作り、台南の各地でチャリティー演奏会を開いている。「台南で生活するようになってから、日焼けで肌の色が黒くなりすぎちゃったよ」と笑う謝さんからは、台南人の温かさがにじみ出ていた。台南がどのようなスピードで変化しても、音楽を通し、台南を知ってもらうため、謝さんは今日もどこかで詩を書き、歌を歌っているに違いない。

台南は目覚ましい変化を遂げている。もとから暮らす人々と外からきた人々の二つの力が、台南に強い風を吹かせている。

静かに見守る者。

一緒に風を起こす者。

風に抗う者。

人によって反応は違う。ただ、台南がその風に乗ってどこまで飛び立つのだろうかと、現地の人々の胸には期待と不安が去来しているのは確かだ。ブームが去れば、残された台南の人々が後始末をすることになる。

「表面的な華やかさには負の面も大きい」

2004年から、台南の文化と古い建物に注目していた古本屋「草祭二手書店《ツァオチーアルショウシューティエン》」店長の蔡漢忠《ツァイハンチョン》さんは、今の台南をすこし心配しながら静かに見守っていた。

孔子廟のほぼ向いにあるお店は、2007年に古民家を大改築して開いた古本屋で、蔡さんは元カメラマン。芸術的センスが元々備わっていたのだろう、細部までこだわった内装がかなり格好いい。

当時は古民家のリノベーションがいまのように盛んではなかったため、台湾全土の注目を集めるお店となった。テレビや雑誌に取材もされ、連日押し掛ける観光客が絶えず、ゆっくりと本を選んで欲しいという蔡さんの思いからかなり遠ざかっていた時期があった。

そのため、2013年から入会金を払う会員制に変え、くつろげる空間を取り戻そうとしている。私も会員になった。入会金は100元（約340円）で、そのまま100元分の金券として使える。その価値は十分あるすてきな空間だ。今年に入り、新しい古本屋「城南舊肆《チョンナンチウスー》」を開き、蔡さんの書店ビジネスはますます勢いづいている。

そんな蔡さんは、台南の街の魅力は自分の足で歩きながら生活の匂いを楽しめるところだと教えてくれた。

台南は生活をして初めてその良さがわかるとよく言われる。観光客はなかなかそうもいかないが、歩くスピードを緩め、少し滞在期間を延ばすだけで、台南の良さは必ず実感できる。

本が大好きな「草祭二手書店」の店長・蔡漢忠さん。

「台南良いとこよってらっしゃい」と声高に叫んでいる人にはなぜか生粋の台南人がいない。私を含め、みんな外からきた人かUターンしてきた人ばかりだ。

「結局外地の人がやっていること」

こんな批判的な声も上がっている。だけれども、外を知らなければ、台南の魅力や価値の大きさに気がつかないこともある。

台南がこれから先、どのような都市へと変貌していくのかわからないが、古い都市の記憶を大切にしながら成長していくことは間違いない。

台南とは、私自身がもう一度台湾に戻ることを決意させてくれた場所であり、私自身が台湾での「歴史」をスタートさせた場所なのである。

台湾を知りたくて、台南に通った。

台南に通って、台湾を好きになった。

台湾を好きになり、台南の魅力に取り憑かれた。

これからも「わたしの台南」のページを増やしていきたい。

台湾未体験の方も、台湾初心者の方も、そして台湾リピーターの方も、みんなで台南の風に乗ってみませんか。

台南はどこよりも台湾らしいところです。

〈謝 辞〉

まるごと1冊台南についての本を書けることの幸せをかみしめながら、東京と台南をくりかえし往復しました。台南では本当に多くの方と知り合い、そして大変お世話になりました。

台南市政府文化局には全面的に協力頂き、感謝申し上げます。取材を手伝って下さった台南市議員の郭國文さん、台南市政府文化局文化研究科・科長の涂淑玲さん、同じく文化研究科の陳富堯さん、いろいろと面倒な質問に、親切丁寧に返事を下さった台南市政府文化局芸術発展科・科長の黄宏文さん、ありがとうございました。

写真を撮って下さった仙波理《さとる》さん、一緒に原付バイクで回った台南、とても楽しかったです。この本を最初に担当して下さった新潮社の松倉裕子さん、行商人のように両手一杯の荷物を持った最初の出会いが忘れられません。松倉さんの後任でいつも冷静かつ丁寧な仕事ぶりの岡倉千奈美さんとお二人のおかげで、本書を書き上げることができました。

台南で出会ったすべてのみなさん、ありがとうございました。書き終えたいまも、頭のなかは台南一色です。まだしばらく、寝ても台南、起きても台南の日々を楽しみたいと思っています。

本書を読んで下さった方が、台南に対するイメージを少しでも具体的につかむことができ、台南に足が向くきっかけとなれば、これ以上に嬉しいことはありません。

一青　妙（ひとと・たえ）
1970年、台湾屈指の名家「顔家」の長男だった父と日本人の母との間に生まれ、幼少期は台湾で育ち、11歳から日本で暮らし始める。歯科医と女優、そしてエッセイストとして活躍中。最近は日台の架け橋となるような文化交流活動にも力を入れている。著作に『私の箱子（シャンズ）』『ママ、ごはんまだ？』（ともに講談社）がある。両作とも台湾で中国語訳が出版され、『私の箱子』は「2013年開巻好書奨」を受賞するなど大きな話題を呼んだ。

編集協力／臺南市政府文化局
(Cultural Affairs Bureau, Tainan City Government)
撮　影／仙波　理・一青　妙
本文デザイン／森杉昌之
装　幀／新潮社装幀室

わたしの台南《たいなん》
「ほんとうの台湾《たいわん》」に出会《であ》う旅《たび》

発　行／2014年8月30日
5　刷／2020年4月25日

著　者／一青　妙（ひとと　たえ）
発行者／佐藤隆信
発行所／株式会社　新潮社
〒162-8711　東京都新宿区矢来町71
電話　編集部(03)3266-5611
読者係(03)3266-5111
http://www.shinchosha.co.jp

印刷所／錦明印刷株式会社
製本所／加藤製本株式会社

ISBN978-4-10-336271-5　C0026
JASRAC 出 1409810-005